하나님의 소리로
아들을 위대하게 키우는 법

## 하나님의 소리로 아들을 위대하게 키우는 법

초판 1쇄 인쇄 2009년 5월 10일 | 초판 1쇄 발행 2009년 5월 15일

**지은이** 릭 존슨(Rick Johnson) | **옮긴이** 윤지현 | **펴낸이** 인창수 | **펴낸곳** 태인문화사
**신고번호** 제 10-962호 | **신고년월일** 1994년 4월 12일
**주소** 서울시 마포구 신수동 219번지 | **전화** 02-704-5736 | **팩스** 02-324-5736
**이메일** conadian2003@hanmail.net
ISBN 978-89-85817-38-7(03230)

● 잘못된 책은 교환해 드립니다.

# 하나님의 소리로 아들을 위대하게 키우는 법

릭 존슨 **지음** | 윤지현 **옮김**

태인문화사

**감사의 글**

# 아내가 아니었으면 나는 인생에서
# 그 어떤 값진 일도 이루지 못했다

로버트 루이스(Robert Lewis), 스티브 파라(Steve Farrar), 켄 캔필드(Ken Canfield), 데니스 레이니(Dennis Rainey), 존 엘드리지(John Eldredge)와 같은 용기 있고 담대한 남성들에게 감사를 드리고 싶다. 그러나 무엇보다도 나에게 남자가 되는 것이 무엇인지, 또 아버지가 되는 것이 무엇인지를 가르쳐준 스튜 웨버(Stu Weber) 목사님께 뜨거운 감사의 말씀을 드린다. 스튜, 당신은 내 인생을 구해준 은인입니다.

이 책을 쓰기 위해 위의 여러분을 비롯한 다른 많은 분들의 지혜를 빌렸다. 책의 내용 중 어떤 실수가 발견되더라도 이는 나 자신의 잘못이지 현대의 기사라고도 불릴 수 있는 이분들의 가르침 때문이 아니라는 것을 밝혀 두면서, 지금까지 나를 계속 지도해준 마이클 규리안(Michael Gurian)에게 감사를 전한다.

이분들 외에 이 책의 집필에 조언을 주고 격려를 아끼지 않았던 조엔(Joanne), 대이나(Daina), 린다(Linda), 테리(Terry), 다이앤(Diane), 애이미(Aimee), 르네(Renee), 보니(Bonnie), 다이안(Diann), 줄리(Julie), 캐리(Carrie)에게도 심심한 감사를 표한다. 그리고 이 책을 마칠 때까지 끝까지 참고 격려해 주신 비키 크럼프턴(Vicki Crumpton) 박사님께도 큰 감사의 말씀을 드린다.

끝으로 아내에게도 감사의 마음을 전하고 싶다. 그 누구보다도 나의 아내 수잔(Suzanne)에게 가장 큰 감사의 빚을 졌다. 아내는 내가 스물다섯 살의 어린 나이일 때부터 지금

마흔여덟이 되어 진정한 남성의 모양을 갖출 때까지 항상 나를 참고 기다려 주었다. 아내의 포기하지 않는 믿음과 격려 그리고 확신이 나를 옆에서 지탱해 주지 않았다면, 나는 인생에서 그 어떤 값진 일들도 이루지 못했을 것이다.

# 아들을 위대하게 키우는 방법

어느 여름날이다. 당신은 오후에 현관의 나무 계단을 쿵쿵하고 올라오는 조그만 발소리를 듣고 있다. "방충망 너무 쾅하고 닫지……."라고 당신이 소리치는 것과 동시에 "쾅!!" 하고 문이 닫힌다.

"엄마! 엄마!" 숨이 차서 소리를 치느라 할 말을 채 내뱉지도 못한다. "남자 애들은 왜 저렇게 시끄러운 걸까?"라고 당신은 생각한다. 물 한 컵을 아들에게 건네자, 그는 물을 마시면서 동시에 중대한 이야기를 하느라 정신이 없다.

"엄마, 글쎄-벌컥벌컥-내가 있잖아-벌컥벌컥-무얼 봤냐면 말이지-벌컥, 헐떡헐떡-무지무지-벌컥벌컥-커다란-벌컥, 헐떡헐떡……."

그러면 당신은 입가에 미소를 띠운 채 아들의 머리카락을 손가락으로 부드럽게 넘겨주면서 그의 행색을 유심히 관찰한다. 아들을 바라보고 있노라면 마치 아이가 먹다말고 차 안에 남겨둔 초콜릿이 녹듯이 당신의 마음이 녹아든다. 얼굴은 얼룩덜룩한데다가, 티셔츠는 뭐가 잔뜩 묻어서 더럽고, 청바지 무릎에는 잔디의 초록색 물이 들어 있다. 보지 않아도 밖에서 얼마나 심하게 놀았는지 알 만했다.

머리는 땀으로 축축하게 젖어 있었고, 몸에서는 사내 아이 특유의 냄새를 풍겼다. 방금 깎은 잔디의 상쾌한 냄새, 강아지 냄새, 또 어디 가서 뭘 만졌는지도 모르는 더러운 손에서 나는 냄새……, 이미 오래 전에 잃어버린 당신의 어린 시절 냄새들이 뒤섞여 있다. 당신은 사랑스러운 눈으로 그를 들여다보면서 이 아이가 커서 어른이 되면 어떤 모습일까 궁금해 한다.

그러면서 이런 생각을 하기 시작한다. "어떻게 이 아이를 위대한 남자로 키울 수 있을까?"

무엇이 남자 아이들을 그렇게 특별하게 만드는 것일까? 그들이 벌레, 흙, 개, 야구, 폭약, 시끄러운 소음, 중장비, 쮸쮸바……, 뭐 이런 것들을 좋아하기 때문일까? 아니면 그들이 목욕하는 것, 누군가가 자기 얼굴에 뽀뽀하는 것, 야채 먹는 것, 코 닦는 것, 귀 씻는 것 등을 싫어하기 때문일까? 엄마들에게는 이런 모든 것들이 남자 아이들을 특별하게 만드는 이유이다.

그러나 동시에 이로 인해 예기치 못한 일들이 너무나 많이 일어나기 때문에 혼란스러울 때도 많다. 특히 남자 형제,

혹은 아버지와 함께 자라지 않은 여성들은 남자 아이들의 이런 냄새와 소음 그리고 분주하고 떠들썩한 면에 완전히 질려버리거나, 그 정도는 아니더라도 힘에 부쳐 한다.

나는 '좋은 아버지(Better Dads)'라는 비영리 단체를 운영하는 축복을 받았다. '좋은 아버지' 모임은 어떻게 하면 가정에서 아버지들이 자녀와 더욱 가까워질 수 있을까를 연구하고 도와주는 훈련 프로그램이다. 현재 여러 곳에서 아버지들을 대상으로 한 세미나나 소그룹 토의를 활발하게 진행하고 있다.

몇 년 전, 우리 이웃 교육청의 상담 선생님인 케빈(Kevin)이 나에게 와서 근처 초등학교의 학부모 중 혼자서 남자 아이를 키우는 엄마들이 자녀 양육에 관해 궁금해 한다고 알려

주었다. 그러면서 그는 내가 이 엄마들을 대상으로 세미나를
열어줄 수 있는지 물었다. 그렇게 해서 '용감한 엄마들 : 아
들을 위대한 남자로 키우는 법' 이라는 제목의 세미나를 시
작하게 되었다. 여기서 중요한 단어는 바로 '위대함'이다.

당신의 아들은 당신이 무엇을 하든 하지 않든 간에 상관
없이 남자가 될 것이다. 그러나 당신의 목표는 그냥 남자가
아닌 위대한 남자로 아들을 키우는 것이다. 그러기 위해서는
특별한 훈련과 기술이 필요한데 요즘은 그런 것들을 좀처럼
찾아보기가 힘들다.

싱글맘들을 위한 세미나를 준비하면서, 혼자서 아들을
위대하게 키워낸 몇몇 엄마들과 대화를 해봤다. 나 자신의
생각들을 그들에게 보여주고 동의를 구하기도 했으며, 또 그

들의 성공담을 프로그램에 적용하기도 했다. 그때부터 나는 싱글맘들에게 수도 없이 많은 강의를 하게 되었고, 매번 자신의 아들을 위대한 남자로 키우기 위한 방법을 간절히 원하는 사람들을 많이 만났다. 그러면서 "남자를 뜯어 고치는 것보다 남자 아이를 잘 키우는 것이 훨씬 쉽다"라는 옛말이 얼마나 맞는지 절실히 공감하게 되었다.

이 세미나를 시작한 이후로 나는 아주 재미난 현상을 발견했다. 바로 독신 여성뿐 아니라 많은 여성들이 남자 아이들과  성인 남자들이 어떻게 생각하고 행동하고 느끼며, 또 왜 그렇게 생각하고 행동하고 느끼는지를 매우 궁금해 한다는 사실이었다. 그래서인지 기혼 여성들, 심지어 아직 자녀가 없는 여성들까지도 차차 세미나에 참석하기 시작했다.

나 자신이 아버지이지만 자신의 아들을 위대한 남자로 키우려고 애쓰는 엄마들을 보면 존경과 경외심을 품지 않을 수 없다. 특히 혼자서 아이들을 키우는 싱글맘들에게는 더더욱 그렇다. 하지만 안타깝게도 보호감독을 받고 있는 독신 부모의 85퍼센트는 엄마들이다. 그들이 남편의 도움 없이 혼자서 자녀를 양육하고 가족을 부양하려면 얼마나 힘들지는 내가 감히 다 이해할 수 없을 것이다.

나는 심리학자나 정신과 의사, 혹은 전문 상담가가 아니라는 사실을 알아두기 바란다. 게다가 나는 아버지로서도 전문가라고 할 수 없다. 그 점에 관해서는 내 아이들이 더 잘 알 것이다. 나는 그저 여러분과 똑같은 평범한 부모로서, 할 수 있는 한 최선을 다해서 자녀들을 키우려고 노력할 뿐이다. 단 내가 특별히 운이 더 좋았던 점은 몇몇 훈련들을 받을 기회가 있었고 좋은 책들을 많이 읽었다는 점이다.

그리고 이 책에서는 보편화된 개념들을 사용하고 있다는 점을 주의하기 바란다. 이런 개념들은 남성과 여성에 관련된 특징들을 설명하기 위한 것이지 어떤 틀에 박힌 고정관념을 만들어 내려는 것이 아니다.

이 책에서는 엄마가 되는 방법은 다루지 않는다. 여러분은 이미 내가 될 수 있는 것보다 훨씬 더 좋은 엄마들이다. 내가 조금 줄 수 있는 것이라고는 남자에 관한 지식뿐이다.

나는 지난 몇 년간 수백 명의 남성들과 함께 일하면서 그들의 어린 시절과 일상 생활에서 매일같이 겪는 문제들을 많이 알게 되었다. 그렇기 때문에 전문가는 아니지만 남성들이 왜 그런 식으로 행동하는지를 이해하는 데 도움이 되는 정보들을 줄 수는 있을 것이다.

이 책을 자신의 역할을 열심히 감당하려고 애쓰는 모든 엄마들에게 바치고 싶다. 특별히 하루 종일 밖에서 일하고 집에 돌아와 요리와 청소 등의 모든 집안일을 혼자서 해내는 워킹맘들, 자녀들을 먹이고 그들이 따뜻하게 잠들 수 있는 거처를 마련하며 옷과 신발을 사주기 위해서 매일같이 희생적으로 일하는 싱글맘들에게도 이 책을 바치고 싶다.

부디 이 책을 읽음으로써 당신의 짐이 조금이나마 덜어지기를 희망한다. 이 책을 통해 남자 아이들이 어떻게 생각하는지 이해하고, 남자 아이들과 어떻게 대화하는지를 배우며, 이들을 위대한 남자로 키우는 구체적인 방법에 관해 도움을 받기 바란다. 그리하여 훗날 당신의 손자들이 당신을 올려다보며, "할머니, 우리 아버지를 이렇게 훌륭하게 키워주셔서 감사해요!"라는 고백을 할 수 있도록 말이다.

## 2 하나님께서 당신을 선택하신 데는 특별한 목적이 있다

## 3 당신은 엄마가 될 자격이 충분히 있는 놀라운 여성이다

# 1

하나님께서는 당신 아들을 위한
놀라운 일들을 예비해 놓으셨다

# 아들을 위한 하나님의 계획과 엄마의 역할

이 땅은 여러분의 용감한 아들이 흘린 고귀한 피로 붉게 물들어 있습니다. 이곳에 오신 어머님들께 삼가 조의와 경의를 표합니다. 그들의 희생은 우리 사이에 결코 파괴할 수 없는 단단한 끈을 만들어 놓았습니다. 세상은 여러분이 아들을 잃은 그 가슴 아픈 상실을 절대 이해할 수 없었습니다. 그럼에도 여러분은 참된 용기와 사랑으로 이를 견뎌냈습니다. 철저한 고독과 침묵 가운데 말입니다. 또한 여러분은 자신의 생명보다 더 위대한 이상을 실현하기 위해 모든 것을 바쳤습니다. 그리하여 이제 자유라는 이름의 제단은 여러분이 흘린 눈물로 흠뻑 젖었습니다.



기원전 480년, 그리스는 서양 문명의 요충지였다. 고대 그리스는 여러 지방, 혹은 도시 국가 형태로 이루어져 그들

사이에서도 전쟁이 빈번하게 일어났다. 스파르타는 이 도시 국가들 중 가장 강력한 국가였다. 스파르타 국민은 매우 호전적이어서 아들이 태어나는 슌간부터 무술을 연마시킨다고 할 정도였다. 그들은 아주 혹독한 기법으로 남자 아이들에게 자기 단련, 용맹, 협동심, 그리고 전투 훈련을 시켰다. 그들에게는 이것이 너무나 당연한 삶의 방식이었다.

스파르타 여인들은 다른 그리스 여인들처럼 화장을 하거나 주름 장식이 달린 옷을 입는 법이 거의 없었다. 오히려 운동경기에 참여하거나 심지어는 전사들의 훈련을 함께 받기도 했다. 그럼에도 불구하고 그녀들의 우아함과 타고난 아름다움은 그리스 전역에서 숭상을 받았다.

이 시기 동방에서는 페르시아의 왕 크세르크세스(Xerxes : 그의 아버지가 왕위에 있을 때 페르시아는 그리스와의 전투에서 패한바 있다)가 30만 명이 넘는 군사를 집결하여 전쟁을 준비하고 있었다. 크세르크세스는 그리스를 정복하여 부친의 패배에 대한 앙갚음을 할 뿐만 아니라 전 세계를 지배하고자 하는 야망을 품고 있었다. 그리스인들은 이에 맞서 조국을 방어하기 위해 시급히 군대를 동원해야만 했다.

거대한 페르시아 군대는 에게 해(海)를 가장 단거리로 안전하게 건널 수 있는 그리스의 동부 연안에 상륙할 것으로 예상됐다. 그리스가 자신을 방어할 수 있는 유일한 수단은 페르시아 군의 진입을 지연시켜 그리스 군대를 총동원 할 수 있도록 충분한 시간을 버는 것이었다. 그러고 나서 서둘러 해군 함대를 파송해 수적으로 우세한 페르시아 해군의 공격을 막는 것이었다.

이때 스파르타인들은 자원하여 테르모필레(Thermopylae)라는 비좁은 계곡에서 페르시아 대군을 저지하는 역할을 맡겠다고 나섰다. 테르모필레는 겨우 60명 정도의 사람이 가로로 설 수 있는 비좁은 산길로, 양편의 높고 가파른 언덕에 둘러싸였으며 또 다른 끝은 바다를 향해 있었다.

스파르타의 레오니다스(Leonidas) 왕은 페르시아 대군의 맹습에 맞서 통로를 봉쇄하기 위해 자신을 포함한 300명의 정예군을 선발했다. 그가 이끄는 300명의 스파르타 정예군은 그리스의 다른 지방에서 온 수천 명의 연합군과 합세해 6일간에 걸쳐 페르시아 군의 진입을 저지했다. 이 전쟁에서 수많은 적군이 죽임을 당했다.

그러던 중 그리스 첩자 한 명이 크세르크세스에게 염소들이 다니는 길을 통하면 스파르타 군대를 피해 무사히 산을 통과할 수 있다고 귀띔해 주었다. 이를 들은 크세르크세스는 불굴의 병사로 불리는 자신의 친위대 만 명에게 산을 통과해 그리스로 진격하도록 명령했다.

한편 반역자의 소식을 들은 레오니다스 왕은 자신을 도와 싸우던 그리스 연합군을 각자 고향으로 돌려보내 그들의 가족과 도시를 지키도록 했다. 그러고는 300명의 군사 중 살아남은 자들과 함께 최후의 원형 방어막을 만들고 페르시아 군대와 맞서 싸웠다. 그들은 마지막 한 사람도 남김없이 페르시아군의 손에 잔인하게 전멸했지만, 페르시아 군대의 진격을 지연시켜 연합군이 안전하게 도망치도록 충분한 시간을 버는 데 성공했다.

스파르타인의 용맹스러운 희생 덕분에 그리스는 군대를 집결하고 해군 함대를 파송해 페르시아 해군을 공격할 수 있었다. 그들의 영웅적인 행위에 사기가 고무된 그리스군은 자신들 보다 훨씬 더 막강한 적과 싸워서 승리할 수 있었던 것이다.

그렇다면 이 이야기가 아들을 둔 평범한 엄마인 당신과 무슨 상관이 있단 말인가?

테르모필레 전투가 있기 직전에 누군가 레오니다스 왕에게 은밀히 질문했다. "난문을 봉쇄하는 자살임무를 감당할 300명의 용감한 군사를 선택한 기준이 무엇입니까?" 정예군으로 뽑힌 군인들은 특별한 기준 없이 선별된 다양한 사람들처럼 보였다. 전쟁 경험이 많은 머리가 희끗희끗한 군인부터 한 번도 전투에서 피 흘려 본 적이 없는 젊은이까지…….

조국을 위해서 목숨을 바치는 일은 스파르타인들에게는 가장 큰 특권이요, 모든 전사들이 추구하는 명예로운 일이었다. 그렇다면 레오니다스 왕은 가장 용감한 사람, 위대한 전사를 선별했을까? 아니면 가장 빠르고, 강인하며, 현명한 사람들을 뽑았던 것일까?

레오니다스 왕은 위의 어떠한 기준으로도 300명의 정예군을 선별하지 않았다고 말했다. 오히려 그들의 아내와 엄마의 성품에 근거해서 정예군을 뽑았다고 했다. 테르모필레 전투는 전쟁의 승패를 좌우하는 전투가 아니었다. 전쟁의 승패는 이후에 그리스의 평원에서 결판날 것이기 때문에 테르모필레에서 싸우는 모든 사람은 이미 죽음이 예정되어 있었고 그들의 아내와 엄마는 모든 그리스인들이 보는 앞에서 홀로 남겨질 것이 분명했다.

여기서 만일 그 여인들이 자신의 남편과 아들을 잃은 슬픔에 무너져 버린다면, 남아 있는 그리스인들은 사기를 잃고 조국을 사수하는 전쟁에서 패배하고야 말았을 것이다. 그렇지 않고 이 여인들이 자신들의 용기와 강인함을 모든 사람들 앞에 보여줄 수 있다면, 그리스인들은 이에 고무되어 전쟁을 승리로 이끌어 갈 것이었다.

이에 레오니다스 왕은 "이 용감한 여인들이야말로 그리스의 새로운 엄마들이다. 모든 사람이 결코 눈물을 보이지 않는 그들의 눈 속에서 용기와 희생의 표본을 발견하고 영감을 받을 것이다"라고 강조했다. 분명한 것은 이 위대한 여인들이 레오니다스 왕이 기대한 이상의 일을 해냈다는 사실이다.

스파르타 엄마들은 보다 더 넓은 안목으로 사물을 바라봤다. 그들은 자신들의 생명은 물론 사랑하는 아들의 생명까지도 조국의 유익을 위해 기꺼이 희생할 각오가 되어 있었다. 시대의 부름을 따라 소명을 완수할 수 있도록 그리하여 2,500년이라는 긴 시간이 흐른 뒤에도 그 이름이 역사에 기억될만한 인물이 되도록 아들을 양육했다.

남자든 여자든 상관없이 우리 각자에게는 하나님께 받은 고귀한 소명이 있다. 역사상 가장 위대한 희생을 한 엄마는 바로 예수님의 어머니 마리아이다. 그녀는 아들이 십자가에 못 박혀 무시무시한 고통을 당하는 것을 지켜봐야 했다. 이는 하나님께서 인류를 영원히 구원하시기 위해 세우신 계획의 일부분이었다. 마찬가지로, 엄마로서 여러분이 받은 소명 중의 하나는 바로 자신의 아들을 그를 향한 주님의 부르심을 성취하도록 키우는 것이다.

"마땅히 행할 길을 아이에게 가르치라 그리하면 늙어도 그것을 떠나지 아니하리라"(잠22:6)고 성경은 말한다. 여기서 가르치라는 말은 '헌신하는' 것을 뜻하며, 헌신은 자녀가 선한 길을 가도록 지도와 훈육과 격려로 고무하라는 의미를 포함한다. 부모의 가장 큰 과제는 자녀를 하나님께서 맡기신 위탁물로 받아들이고 그분의 방법으로 가르치는 것이다.

성경 전체에 걸쳐서, 아들이 하나님께서 원하시는 사람이 되는데 영향을 준 많은 엄마들의 예가 나온다. 성경은 이 일에 있어서 주위의 어떤 위협에도 굴하지 말고 담대하고 용기 있게 행할 것을 요구한다. 아들을 담대한 인격으로 키우기 위해서는 엄마인 당신도 담대하고 용기 있는 인격을 소유해야 한다.

엄마로서 당신은 온 세상의 운명을 두 손에 쥐고 있다. 근래에 수많은 남성들이 가정과, 사회 그리고 국가에서 지도자의 역할을 포기하고 있다. 이는 우리 사회의 기본 구조를 와해하고 나아가 국가와 심지어는 온 세계를 파괴할 수 있는 위기 상황을 야기하는 것이다. 그 원인이 무엇인가? 그 이유는 그들이 하나님께 받은 사명인 가족을 부양하고 보호하는 역할을 기쁘게 받아들이도록 양육 받지 않았기 때문이다.

이 사명을 기쁨으로 받아들이는 남성은 하나님의 축복이 넘치는 풍성한 삶을 누리며, 동시에 도덕적으로 타락하고 붕괴된 이 시대 가운데서 구별된 삶을 살게 된다.

엄마로서 당신은 아들이 담대하고 고매한 인격으로 이 세상을 이끌어 갈 수 있도록 양육해야 할 능력과 동시에 책임을 가지고 있다. 이는 태초부터 여성에게 주어진 위대한 책임이요, 사명인 것이다.

역사상 많은 엄마들이 보다 더 위대한 사회를 만들기 위해 자신의 아들을 실제로 또는 상징적으로 희생했다. 당신은 엄마로서 자신의 역할이 중요하지 않다고 생각하는가? 그렇다면 다시 한 번 생각해 보라.

엄마가 자녀에게 끼치는 영향력은 마치 완만하게 흐르는 강물이 오랜 세월을 통해 깊은 협곡들을 깎아내는 것과도 같다. 다음 세대의 남성을 양육하는 자요, 교사로서 당신이 남기는 유산은 말로 다 표현할 수 없을 정도로 가치가 있는 것이다. 스파르타의 엄마들은 남자들의 인생과 인류 문명의 역사를 만드는 데 엄마의 역할이 얼마나 중요한가를 보여주는 그저 하나의 예에 불과하다.

## 당신의 아들을 향한 하나님의 계획

집, 즉 가정이란 한 가족이 거하는 장소를 의미한다. 이는 특별히 남자와 아이들의 불안정함을 바로 잡고, 태곳적부터 타고난 그들의 모험과 탈출하고자 하는 열망을 분산시켜 잡아두기 위한 곳이다.

마르그리트 듀라스(Marguerite Duras), 《실용주의(*Practicalities*)》

우리는 예수 그리스도를 통해 세상을 변화시키는 놀라운 모험을 감행하기 위해 창조되었다. 우리는 이 사실을 직관적으로 잘 알고 있다. 단지 이를 항상 의식적으로 깨닫고 있지 않을 뿐이다. 우리의 영혼은 진정한 삶의 의미와 목적을 추구한다. 개인적인 성공이나, 물질적인 부, 성적인 만족, 심지어 권력보다도 더욱 위대한 것을 소망한다.

이 사실이 믿기지 않는가? 그렇다면 왜 그토록 많은 유명 인사들이 재능과 부, 권력을 거머쥐었음에도 불구하고 행복하지 못한 것일까? 우리는 매일같이 사회의 유명 인사들이 마약과 알코올 중독, 가정불화, 성적인 부정과 씨름하는 이야기를 듣는다. 도대체 무슨 이유일까? 왜 부와 명예가 우리에게 필요한 모든 행복을 가져다주지 않는 것일까? 세상에 성공이라고 부르는 것을 이룩한 사람들도 왜 끊임없이 고민하며 더욱 더 많은 것을 갈망하는 것일까?

그것은 바로 진리에 대한 갈증과 굶주림 때문이다. 우리는 인생의 참 의미와 목적을 알기 원한다. 우리 모두가 그렇지만 특히 남성들은 인생의 참 의미를 갈급해 한다. 남자 아이들이 모험과 영웅적인 행위에 대해 원대한 꿈을 꾸는 이유도 바로 이 때문이다.

존 엘드리지(John Eldredge)는 그의 저서 《야성(Wild at Heart)》에서 모든 남성들은 모험을 꿈꾸며, 괴물을 처치하고, 아름다운 여성을 구출하려는 욕망을 품고 있다고 말한다. 하지만 안타깝게도 그는 대부분의 남성들은 '부드러운 남성'이라고 주장한다. 수동적이며, 무기력하고, 무관심한 인격의 남성들이라는 것이다. 현대 문화에서는 심지어 교회에서까지도 여성화된 남성상이 일반적이어서 '싹싹한 남자'로 불리는 것이 최고의 찬사로 여겨질 지경에 이르렀다.

정말 그럴까? 사회가 남성들을 온순하게 만든 것이 사실일까? 나는 그렇다고 믿는다. 무슨 이유 때문일까? 불행하게도 오늘날의 남성들은 원칙보다는 자신의 감정이나 사회의 풍습에 더욱 민감하게 반응한다. 대중의 의견이라는 감시 체제 아래 몸을 사리고, 텔레비전이나 신문에서 말하는 것이라면 무엇이나 받아들인다. 상황이 이렇다 보니 많은 가정에서 긍정적인 남성의 표본을 상실하게 됐으며, 그러한 부모 밑에서 자란 아이들이 진정한 남성으로 성장하는 못하는 것은 당연하다.

대부분의 남성들은 자신이 이 세상에 존재하는 이유가 단순히 시간을 죽이기 위해서라고 생각한다. 그러나 사실 지금 그들이 죽이고 있는 것은 자기 자신이다. 그러면서 이유도 알지 못하는 분노에 사로잡혀 있다. "남성들 대부분은 소리 없는 절망의 삶을 살고 있다"고 헨리 데이비드 소로(Henry David Thoreau)는 말했다. 내가 만난 많은 남성들에게서도 이와 같은 절망을 감지했다.

엘드리지는 또한 남성들이 승리가 확실한 전투만을 선택하며, 감당할 수 있는 모험만을 시도하고 또한 정복할 수 있는 여성만을 뒤쫓는다고 한탄한다.

젊은 시절의 나는 한 아름다운 여성을 흠모한 적이 있었다. 그러나 그녀는 너무나 아름다웠고 또 모든 사람이 좋아했기 때문에 나는 감히 그녀에게 구애할 엄두조차 내지 못했다. '나 같은 남자에게 그녀가 절대로 관심을 가질 리 없어'라고 생각했다.

그러나 하나님께서는 우리가 위험을 감수하고라도 불가능한 것에 손을 뻗쳐서 도달하기를 원하신다. 우리의 믿음과 주님에 대한 순종, 그리고 주님께 사용받기 원하는 소원이 그분의 이름으로 위대한 일들을 이룰 수 있게 한다.

지나간 삶을 뒤돌아보면, 거의 모든 상황에서 내가 내린 결정과 선택은 실패할까 두려워하는 마음의 지배를 받아 내린 것이었다. 실패에 대한 두려움과 체면을 깎일 것이라는 위험부담 때문에 그 어떤 위대한 일도 시도하지 못했다.

"모든 남자들은 죽지만, 모든 남자들이 다 진실로 살았던 것은 아니다"라고 영화 〈브레이브하트(Braveheart)〉에서 윌리엄 월리스 역을 맡았던 멜 깁슨(Mel Gibson)이 말했다.

실패를 무릅쓰고라도 위대한 일들을 시도해 보기 전에는 진정한 삶을 살았다고 생각되지 않는다. 그것이야말로 인생을 살 가치가 있게 만드는 것이며, 하나님은 이 고귀한 노력을 축복하신다.

하나님께서는 남자를 창조하실 때 열정적이고, 강인하며, 고귀한 성품을 그 안에 불어넣으셨다. 그래서 남성들에게는 모험을 갈망하고, 위협적인 전투를 싸우고 싶어 하며, 인생의 참된 의미와 목적을 찾고자 하는 영적인 갈급함이 있다. 우리 영혼 깊은 곳에서부터 그러한 갈망들을 감지할 수 있다. 그런데 무언가 중요한 것이 우리의 삶에서 사라지고 있다.

진정한 남성은 위험을 감수하고 자신과 타인들이 안일함에 빠지는 것을 참지 못하며, 넘을 수 없는 일에 도전하고 세상을 변화시키기를 꿈꾼다. 그렇기 때문에 이러한 남성적인 성향은 소극적인 세상을 위협한다. 이것이 바로 세상이 우리 남성들을 순화시키려는 이유이다. 다시 말해 오늘날의 문화는 적극적이며 도전적인 크리스천 남성을 위험 인물로 간주한다. 그것이야말로 하나님이 남자의 성품으로 창조하신 것이기 때문이다.

이 시대에는 스파르타의 엄마와 같은 여인들이 필요하다. 하나님께서 지상명령으로 주신, 세상을 변화시키라는 위대한 소명을 완수하는 영적인 전사로 당신의 아들을 키워라. 그들로 하여금 변화를 주도하고, 사람들을 이끌며, 위대한 인생을 살게 하라. 하나님이 당신 아들의 내면에 넣어 두신 열정에 불을 붙여서 남성으로서의 소명을 성취하게 하라.

오늘날 많은 남성들이 가정을 저버리는 일은 국가를 붕괴시키는 위험한 현상이다. 사회에서 부딪히는 모든 문제의 직접, 혹은 간접적인 원인은 바로 아버지의 부재 현상 때문이다. 우리의 문명이 마치 고대 그리스 문명처럼 역사 속으로 사라져 버리기 전에 이 재난을 막아야만 한다. 나는 이 추세를 막기 위해 많은 남성들과 함께 노력해 보았지만, 우리 세대는 이 전염병을 막기에 이미 늦었다는 결론을 내렸다. 이 현상을 막는 유일한 방법은 우리의 아들들을 인격과 덕망을 갖춘 강인한 남성으로 키우는 것이다.

이와 같은 때, 세상은 스파르타의 엄마들과 같은 여인들을 절실히 원한다. 당신이 지금 아들을 위대한 남성으로 양육하는 도전 앞에 서 있다면 이 책이 큰 도움을 줄 것이다. 당신의 아들이 진정한 의미의 남자가 되고 가치 있는 인생을 살며, 우리가 사는 세상을 더욱 아름답게 만들 수 있도록 방향을 잡아주는 일에 이 책이 지침이 될 것이다.

그리하여 당신의 아들은 자신의 운명을 지배하는 남성, 즉 예수님이 교회를 사랑하신 것처럼 아내를 사랑하고 세워주며, 하나님이 주신 지혜와 자비로운 인품으로 자녀들을 양육하는 부르심에 충실한 남성이 될 것이다.

이 책을 읽는 동안 도전을 받기도 하고, 또 때로는 화가 치밀기도 할 것이다. 그렇다고 해서 이 속에 담겨진 진실이 희석되지는 않는다. 내가 이 책을 쓰는 동안 누렸던 특권을 독자들도 함께 경험하기를 바란다. 그리하여 많은 것을 배우고 또 즐기는 시간이 되기를 바란다.

지금부터 떠나는 놀라운 여행에 하나님의 풍성하신 축복이 함께 하시기를…….

# 남자 아이는 왜 그렇게 다른가?

하나님이 자기 형상 곧 하나님의 형상대로 사람을 창조하시되 남자
와 여자를 창조하시고

《창세기 1 : 27》

여호와 하나님이 아담을 깊이 잠들게 하시니 잠들매 그가 그 갈빗대
하나를 취하고 살로 대신 채우시고 여호와 하나님이 아담에게서 취하
신 그 갈빗대로 여자를 만드시고

《창세기 2 : 21~22》

남자와 여자가 어떻게 서로 다른지 몇 가지 예를 살펴보
자. 나는 이 책에서 다룰 남녀 간의 차이를 연구하기 위해 인
터넷에서 자료들을 찾아보았다. 구글 검색창에 단순히 ‘남

녀의 차이' 라는 검색어를 치는 동시에 1,360,000개의 웹사이트가 떠올랐다. 각 웹사이트는 남녀의 신체 구조, 심리, 성, 유전 그리고 언어상의 차이를 비롯하여 상상할 수 있는 모든 면에서 두 성별의 다른 점을 나열하고 있다.

하나님은 남자와 여자, 두 성별을 각각 다르게 그러나 동등하게 창조하셨다. 서로 다르다는 말은 한 쪽이 상대방보다 더 우월하거나 열등하다는 뜻이 아니다. 남자와 여자는 각각 다른 강인함과 연약함을 지니고 있다. 그리하여 두 사람이 연합했을 때, 각 사람을 합한 것 이상의 능력을 발휘할 수 있는 것이다.

## 생리학

남자와 여자의 차이를 구별하는 특징 중의 하나는 생리적인 것이다. 최근 과학자들은 컴퓨터 X선 체축 단층촬영(CAT)이나 핵자기공명영상법(MRI), 또 그 밖의 다른 뇌 단층촬영 기구를 이용하여 남자와 여자의 뇌가 여러 가지 자극에 어떻게 반응하는가를 연구하기 시작했다. 연구 결과, 남자의 뇌가 여자보다 조금 더 큰 반면에 여자는 뇌량(좌우 대뇌 반구를 연결하는 신경 섬유 속)이 남자에 비해 더 많다는 사실을 발견했다.

여자들은 대뇌의 좌우 반구를 골고루 사용하며 이는 양쪽 뇌 사이의 원활한 교통을 가능하게 한다. 반면에 남자는 한 번에 한쪽 대뇌 반구를 주로 사용한다. 이 같은 차이는 이후에 다루게 될 의사소통 기술과 여러 가지 과제를 동시에 수행하는 능력에 커다란 영향을 끼친다.

이런 발육상의 차이점은 왜 여성들이 독서를 더 좋아하고, 왜 남성들은 상대방의 얼굴 표정에 드러난 감정을 파악하지 못하는지를 설명해 준다. 또한 왜 많은 상황에서 여성이 남성에게 이해 받지 못한다고 느끼고, 일반적으로 남성보다 직관력이 뛰어난지 설명하는 데 도움이 된다.

우리가 결혼했을 때, 나는 아내의 여성적인 직감을 그다지 인정하지 않았었다. 그러나 시간이 지나고 나 자신이 조금씩 성숙하면서 수잔의 관찰, 특히 다른 사람들에 관한 의견들이 거의 정확했음을 알게 되었다.

예를 들어 때때로 수잔은 새로운 사람들을 만났을 때 그들의 인상이 별로 안 좋다고 이야기했다. 나는 아내의 경고를 한낱 바보 같은 걱정에 불과하다며 무시해 버렸다. 그러나 시간이 흐른 후에, 그 사람에게서 당시에는 예상치 못했던 성격상의 치명적인 결함을 발견할 수 있었다.

나는 주로 이성을 사용하는 반면, 아내는 말투나, 몸짓, 또 감정 표현 등을 보고 그 사람의 생각이나 정서 그리고 보이지 않는 성격상의 결함들을 알아차리는 데 능숙했다. 허나 아내는 대부분 그 이유를 분명하게 설명하지는 못했다.

지금은 중요한 일들을 결정할 때 아내의 직관력을 아주 요긴하게 사용한다. 아내의 막연한 느낌을 있는 그대로 받아들이게 된 것이다. 아내가 누군가에게서 좋지 않은 느낌이 든다고 말하면, 비록 그 이유를 들을 수 없을지라도 나는 그것을 그대로 수용한다.

## 호르몬

남자는 여자보다 매사에 더 공격적이다. 이는 순전히 남성 호르몬의 일종인 테스토스테론(testosterone)의 영향이다. 일반적으로 남자의 몸에서는 여자에 비해 거의 20배에 가까운 테스토스테론이 분비되는데, 이는 남자들이 더욱 지배적이고 공격적인 성향을 띠게 한다. 또한 이 호르몬은 근육과 체모를 증가시킨다. 그 결과 남자들은 보통 여자에 비해 더 체격이 크고, 빠르고, 강하며, 체모가 많고 상체가 더 발달해 있다.

테스토스테론의 과다한 분비 때문에 남성은 스트레스를 받으면 충동적으로 행동하는 경향이 있다. 똑같은 상황에서 여성들은 더욱 소극적이 된다. 부모의 이혼과 같은 견디기 힘든 상황이 되면 사춘기 남자 아이들은 종종 분노하고, 공격적이 되며, 말썽을 일으키고, 충동적인 행동을 한다. 반면에 여자 아이들은 우울해지고 소극적으로 변한다.

마이클 규리안(Michael Gurian)은 그의 탁월한 저서 《위대한 젊은이(A Fine Young Man)》에서 사춘기 남자 아이들을 아래와 같이 묘사했다.

"사춘기의 남자 아이들은 어떤 일에는 무심코 지나치는 반면, 또 다른 일에는 미친듯이 집착한다. 그들 안에서 불같이 일어났던 열정은 예기치 못한 순간에 갑자기 소멸하고 만다. 그러면 기운이 쭉 빠져 한낮이 돼도 잠에서 깨어나지 못한다. 그들은 체계적인 것을 갈망하면서도 동시에 완전히 무시한다. 때로는 부모나, 지도자, 교사들을 불안하게 만들기도 한다. 그들이 하는 말들은 온통 자신들이 즐겨보는 텔레비전이나 그 밖의 다른 관심 있는 활동에 관한 것들뿐이다. 또한 그들은 가족보다는 친구들과 가깝게

지내는 것을 더 좋아한다. 게다가 퀴퀴한 냄새까지 나는데, 그것은 더러운 양말이 아니면 무슨 훈장처럼 달고 다니는 테스토스테론 호르몬의 과다분비 때문이 아닐까?"

이 호르몬의 영향에 관해서는 나 자신이 스스로 경험한 바 있다. 몇 년 전에 내 몸에서 테스토스테론을 분비하는 기능이 저하된 적이 있었다. 문제의 원인을 발견하기 전까지 약 6개월간, 나는 무기력하고, 소극적이며, 쉽게 지치고, 결단력이 없고, 소심한 자신을 경험했다. 모든 일에 의욕이 없고 불행하게만 느껴졌다. 정확하게 말로 표현할 수 없는 무엇인가가 내 안에서 결여됐음을 알았다. 소위 남성적인 '힘'을 상실한 것이었다.

마치 슈퍼맨이 크립톤이라는 화학 물질에 노출되었을 때의 느낌 같은 것이었다. 그러나 그 문제를 해결하는 순간, 아! 힘과 결단력, 야망이 내게로 다시 되돌아 왔다. 나는 다시 소생해서 생기를 회복하고 정력을 되찾았다. 드디어 다시 자신이 남성으로 느껴졌다.

아버지와 엄마에게서 받은 염색체가 태아의 성별을 결정한다. 태아가 아버지의 유전자에서 Y염색체를 받으면, 임신 6주가 되었을 때 테스토스테론 목욕을 거치게 된다. 이 테스토스테론 목욕은 태아의 뇌 구조를 바꾸는데, 양쪽 대뇌가 서로 소통하는 방식도 여기서 결정된다.

이후에 테스토스테론이 또 결정적인 역할을 하는 시기는 바로 사춘기이다. 이때에는 테스토스테론이 남자 아이의 몸 속에서 홍수처럼 범람하여, 생식기가 거의 이전의 여덟 배로 성장하게 된다. 《아들을 키우면서 즐기는 법(Raising Sons and Loving It)》의 저자 게리(Gary)와 캐리 올리버(Carrie Oliver)의 말을 빌리면,

"테스토스테론 목욕기의 남자 아기들은 여자 아기들에 비해 10배에서 20배의 테스토스테론을 공급받는다. 사춘기 직전과 사춘기의 남자 아이들은 하루에 5번에서 7번 정도 테스토스테론의 다량 분비를 경험하는데, 이것은 잦은 수음과, 감정의 기복, 그리고 공격적인 성향과 수면 부족, 감정 폭발, 부정적, 비판적 사고, 마치 머리가 구름 속에 떠 있는 듯한 행동, 성에 대한 관심 증폭 등의 성향으로 나타난다."

성별에 영향을 주는 또 다른 호르몬은 세로토닌(serotonin)으로 신경전달물질의 일종이다. 이 호르몬은 감정을 가라앉히고 진정시키는 기능을 하며, 충동적인 행동을 억제한

다. 남자보다 여자가 이 호르몬을 훨씬 더 많이 분비하는 것은 전혀 놀라운 일이 아니다. 게다가, 사춘기 이후의 남자는 여자보다 더 신속하게 이 호르몬을 처리한다. 그 결과 남자는 여자보다 우울증에 시달리는 비율이 훨씬 낮다.

세 번째로 남자 아이들의 심리에 영향을 미치는 요인은 아미그달라(amygdala)로 불리는 작은 분비샘이다. 이것은 뇌 안에 있는 호두 크기만한 분비샘으로 마치 감정 조절판과 같은 역할을 한다. 외부의 위협이나 위험을 감지하면 이 샘에서 부신과 그 밖의 다른 방어 기관에 행동 지침을 내린다. 여자는 남자보다 아미그달라 샘이 더 크며, 이는 왜 남자들이 더 공격적인지를 설명해 준다.

## 심리학

심리적으로도 남자와 여자 사이에는 현저한 차이가 있다. 남자들은 보통 수학, 과학, 공간 개념, 논리 그리고 추리력 영역에서 여자보다 뛰어나다. 반면에 여자는 언어 영역에서 남자보다 우세하고, 실수를 덜 하며, 위험을 감수하는 일이 적다. 여자는 학교에서도 남학생보다 더 뛰어난 성적을 보인다. 또한 남성에 비해 상대방을 동정하는 마음이 더 강하고, 직관적이며, 충동적인 행동을 좀처럼 하지 않는다.

두뇌 단층 사진은 여성과 남성의 생화학상적인 발달의 차이를 보여줄 뿐만 아니라, 성별에 따른 두뇌의 구조적인 차이를 연구하는 데도 사용된다. 펜실베이니아(Pennsyl-vania)대학의 한 연구는 남녀가 각기 다른 과제를 수행할 때 두뇌의 각 부분을 어떻게 사용하는지를 밝혔다.

연구 대상에게 퍼즐에서 두 개의 부분을 짜 맞추는 공간 개념에 관한 과제를 맡겼다. 이때 대부분의 남성들은 오른쪽 대뇌 반구가 활발하게 움직인 반면, 왼쪽 대뇌 반구는 움직임이 저조했다. 그런데 여성들은 양쪽 대뇌 반구가 모두 동일하게 활동적이었지만 남성의 오른쪽 대뇌 반구보다는 활동이 왕성하지 않은 것을 볼 수 있었다.

그 결과로 보통 남성은 여성보다 공간 개념에 관한 문제를 푸는 데 더 우세하다는 사실을 알 수 있었다. 왜냐하면 문제 해결을 위해 오른쪽 대뇌 반구를 최대한 활용할 수 있기 때문이다.

이에 덧붙여서 행한 언어 테스트에서는 남성이 여성보다 뇌를 적게 사용하는 것을 볼 수 있었다. 연구 결과, 여성은 언어 테스트 도중 뇌가 지속적으로 활동했지만 남성은 그 활동이 매우 단편적인 것으로 나타났다.

나는 몇 년 동안 남학생과 여학생의 농구 코치를 하면서, 농구 경기를 하는 방식에서도 남학생과 여학생이 현저한 차이를 보인다는 사실을 알게 됐다. 여학생들은 경기 중 코트 위에서 벌어지는 공간적인 개념을 남학생보다 잘 이해하지 못했다. 여학생들에게는 코트에서의 움직임이나 득점, 혹은 방어시 몸의 각도를 설명하기가 어려웠다. 심지어 고등학생들도 마찬가지였다.

예를 들어 올 코트 수비시, 수비 선수는 공의 속도와 상대방 선수의 움직임, 그리고 공의 각도를 동시에 판단해서 정확하게 공이 어느 지점에 떨어질지 예측해야 한다. 거기에 더해서, 자신의 움직이는 속도와 각도를 정확하게 계산해야만 제시간에 그 지점에 도달할 수 있다. 이러한 개념을 이해하는 여학생은 훨씬 뛰어난 코트 감각을 지니게 되어 이를 이해하지 못하는 다른 선수들에 비해 더 뛰어난 선수가 될 수 있다.

남학생들은 아주 어린 나이에도 이를 직관적으로 이해한다. 게다가 여학생들은 공격과 수비에 더 적극성을 띠라고 말하면 상당히 부담스러워 한다. 모든 여학생은 아니더라도 대부분의 여학생들에게는 이것이 굉장히 부자연스러운 것처럼 보인다.

그렇지만 여학생들은 남학생에 비해서 훨씬 더 강한 팀 워크를 발휘한다. 또 시간이 지날수록 서로에게 강한 유대감을 느낀다. 여학생들은 코치의 지시 사항도 잘 따를뿐더러 짧은 시간에 소속감을 갖게 되어 감독하기에 훨씬 수월하다.

남자 농구 팀 코치를 했던 나는 한 번은 6학년 여학생들의 팀을 맡게 되었다. 처음 연습을 하는 동안 남학생들에게 늘 하던 버릇대로 여학생 한 명에게 큰 소리를 질렀다. 남학생들은 큰 소리를 친다고 해서 당황하는 일이 거의 없었다. 오히려 자극을 받아서 더 열심히 뛰었다.

그런데 이 여학생은 갑자기 울음을 터뜨리면서 화장실로 달려가는 게 아닌가? 나머지 여학생들도 연습을 멈추고 나를 경멸하는 눈으로 쳐다보더니 친구를 달래주려고 뒤따라갔다. 그들은 마치 한 무리의 양떼같이 완벽한 조화를 이루면서 몰려갔다.

왜 그 여학생이 당시에 그토록 예민하게 반응했는지, 또 어떻게 해서 다른 학생들의 반항으로까지 일이 커졌는지 그 후 딸을 통해서야 설명을 들을 수 있었다. 내가 알 필요도 없고 또 알고 싶지도 않은 개인적인 사정까지 다 들은 후에 나는 여학생들과 의사 소통하는 방법을 즉시 수정했다.

그 후에 일어난 일은 남녀 간의 차이를 설명하는 또 하나의 좋은 예가 된다. 어느 날 경기 도중에 상대방 팀의 선수가 바닥에 넘어졌다. 즉시 경기가 중단되고 우리 팀의 거의 반 가까이가 넘어진 선수를 일으키기 위해 다가갔다. 심지어 고등학교 농구 시합에서도 이런 일이 일어나는 것이다! 처음 이런 일들을 목격했을 때, 나는 거의 기절해서 넘어가는 줄 알았다.

그러나 시간이 지나면서 나도 여학생 나름의 경기 수칙을 받아들이게 되었다. 단언컨대 남학생이라면 경기 중에 그런 절호의 기회가 생기면 절대로 상대방 선수를 일으켜주는 데 시간을 빼앗기지는 않을 것이다.

일반적으로 남자는 여자에 비해 훨씬 더 경쟁적이다. 경쟁은 그들의 인생에서 굉장히 커다란 비중을 차지하며, 남자들은 모든 환경과 인간관계는 적어도 어느 수준까지는 경쟁의 일부분이라고 여긴다.

왜 남자들은 고속도로에서 다른 차들이 앞서가는 것을 못 견뎌하는지, 왜 낯선 사람에게 길을 묻기를 주저하는지 궁금해 한 적이 있는가? 남학생들에게 경쟁은 스포츠 경기와도 같다. 그들은 일에 분명한 경계를 지어주고, 조직에서 자신의 서열을 알려주면 마음이 편해진다.

그래서 규율과 규칙이 남자들에게는 그토록 중요한 것이다. 규율과 규칙은 자기 자신과 다른 사람들을 평가할 수 있는 기준이 된다. 규칙이 없으면 질서가 흔들리고 즉각 혼란 국면으로 돌입한다.

남학생들은 마음속에서 독특한 방법으로 정보를 처리하기 때문에 목표를 정하고 재빠르게 행동에 옮기는 것을 좋아한다. 그래서 남학생들은 텔레비전이나 비디오 게임, 그리고 인터넷에 중독될 위험이 훨씬 높다. 거의 모든 비디오 게임은 남자 아이들을 겨냥해서 만들어진다.

심지어 여자와 남자가 길을 찾는 방법에서도 현저한 차이가 있다. 여자들은 특정한 건물이나 장소를 중심으로 길을 찾는 반면, 남자들은 기하학적인 체계나 지도상의 방향을 토대로 판단한다.

남자 아이들은 시각적인 정보를 잘 기억하지 못하며, 집중하는 시간도 여자에 비해 훨씬 짧다. 나는 아무리 열심히 눈을 씻고 찬장이나 서랍을 뒤져봐도 물건을 잘 찾지 못한다(인정하기는 싫지만 성인도 마찬가지다).

그러나 아내는 바로 그 자리에서 물건을 집어내는 것이 아닌가? 이런 일이 얼마나 자주 일어나는지 모른다. 그러면 나는 이해가 가지 않아서 머리를 긁적거린다. 아내는 내가 제대로 찾아보지 않아서 그런 것이라고 비난하지만 나는 진정 나름대로 최선을 다했었다.

이는 비단 나에게만 있는 문제가 아니다. 다른 여성들에게 들은 바에 따르면 그들의 아들이나 남편도 나와 똑같은 문제를 안고 있다고 한다.


## 남자 아이들의 공통적인 특성

남자 아이들은 놀 때도 더 공격적이며, 눈에 보이는 곳에는 어디나 기어오른다. 항상 기회만 되면 무언가를 치고, 달리고, 뛰어 넘는다. 반면에 여자 아이들은 여럿이 함께 어울려 놀며 친구들 사이의 관계를 중요시한다. 대체로 여자는 남자보다 장수하며, 극도로 긴장된 환경에서도 더 잘 견딘다. 그럼에도 남자보다는 여자가 우울증에 더 많이 시달린다.

남자 아이들은 지나치게 흥분하는 경향이 있으며 말이 서툴고, 나이가 들어서야 책을 읽기 시작한다. 또 여자보다 더 공격적이고 과감히 위험을 감수하며 모험심이 강하다. 남자들은 종종 고립되고 독립적인 방법으로 일을 수행하며, 많은 시간을 들여서 혼자 기술을 완벽히 익히기도 한다.

　　더구나 다른 사람들의 요구를 거부하거나, 심지어 자신의 감정을 거부하는 데도 그다지 힘들어 하지 않는다. 이런 사고 때문에 남자의 내적 생활에서는 사람만큼이나 물건과 사상이 중요한 비중을 차지한다. 남자 아이와 여자 아이를 비교해 보면 남자 아이는 여자 아이보다

- 학습 장애가 될 확률이 6배,
- 마약 중독에 걸릴 확률이 3배,
- 정서 장애가 될 확률이 4배,
- 살인을 저지를 확률이 12배나 높다.
- 또 자동차 사고로 사망할 확률이 50% 더 많고
- 자살할 확률이 5배 높다.

　　마약 처치 프로그램에 참여하는 90퍼센트가 남자 아이들이며 청소년 법정에 나오는 아이들의 95퍼센트도 남자들이다.

　　이런 남자 아이들은 자신들의 잘못된 행동에 따른 결과 때문에 고통을 당할 뿐만 아니라 심각한 육체적, 심리적 문제들을 겪고 있다. 《아들을 키우면서 즐기는 법(Raising Sons and Loving It)》에서는 아래와 같은 차이를 지적했다. 남자 아이들은

- 같은 나이 또래, 그리고 비슷한 사회경제적인 배경의 여자 아이들에 비해 약 7배가량 자주 정신병원이나 청소년 감호기관에 수용된다.

- 자폐증에 시달릴 확률도 여자 아이들에 비해 2배 정도 높으며, 주의력 결핍(AD:Attention Deficit)이나 활동 항진장애(HD:Hyperactivity Disorder)에 걸릴 확률은 6배에 가깝다.

- 여자 아이들에 비해 말을 더듬거나, 학습 장애, 언어 장애를 얻게 될 확률이 훨씬 높다. 어떤 연구 결과에 따르면 여자 아이들의 9배가량의 난독증, 또는 독서 장애를 보인다는 것이다.

- 다양한 선천적인 장애들을 가지고 태어날 가능성이 더 많다.

- 정신분열증이나 정신지체에 쉽게 시달린다. 약 200가지의 유전적인 질병이 오직 남자 아이들에게만 영향을 끼치는데, 그 중에는 혈우병이나 발육 이상과 같은 극심한 질병도 있다.

남자 아이들은 밖에서 하는 놀이나 경기를 즐겨 한다. 특히 몸을 서로 부딪치고 확실한 승자와 패자가 있는 경기를 좋아한다. 그럼으로써 서로 친해지고 가까워진다. 때로는 이런 방식이 지나치게 공격적이라는 오해를 받기도 한다.

그러나 이런 거칠게 뒹구는 행동을 비정상적인 공격 성향과 혼동하면 안 된다. 비정상적인 공격 성향, 혹은 폭력은 매우 파괴적이며 절대로 허용되어서는 안 되는 것이다.

건강한 남성의 공격 성향은 운동 경기에서 찾아볼 수 있다. 풋볼이나 야구, 그리고 농구, 레슬링처럼 몸을 서로 부딪치는 운동은 이런 건강한 남성의 공격 성향을 발산하는 긍정적인 통로를 제공한다.

이런 경기에서는 제외되는 사람 없이 모든 선수가 같은 조건 아래서 규칙과 규율에 따라 겨루며, 개인과 팀의 노력 여하에 따라서 경기의 승패가 결정된다. 이때 남자들은 경기를 하면서 동료와 겨룰 뿐 아니라 자기 자신과도 겨루게 된다. 이는 긍정적인 자아상을 확립하는 데 큰 도움을 준다.

비정상적인 공격 성향은 보통 자기보다 몸집이 작은 친구들, 혹은 나이 어린 동생들을 대상으로 나타낸다. 이런 행동은 상대방의 인격을 짓밟으며 결국은 폭력으로 발전한다.

예를 들어 극단적인 공격성은 갱 조직을 통해서 나타나는데 그들 사이에서는 의례적인 폭력과 여자 아이들에 대한 강간이 빈번하게 일어난다. 이에 더불어 어떤 운동선수들과 코치들은 무슨 대가를 치러서라도 이겨야한다는 생각으로 경기 중 비정상적인 공격성과 폭력을 보인다.

비정상적인 남성의 공격성은 잦은 싸움으로 드러나기노 한다. 영화 〈파이트 클럽(Fight Club)〉은 자연스러운 남성의 공격 성향을 표출하는 방법을 찾는 것이 중요함을 강조한다. 때때로 이 자연스러운 성향이 비정상적인 방법으로 표출되기도 한다. 그 때문에 지금까지 남성의 공격 성향을 표출하는 데 사용되었던 많은 전통적인 활동들이 더 이상 환영을 받지 못하고 있다.

예를 들어 남자 아이들이 늘 하던 경찰과 강도, 인디언과 카우보이, 그리고 전쟁놀이는 이제 정치적으로 부당한 것으로 취급당한다. 남자들이 즐겨하는 사냥이나 낚시조차도 어떤 때는 촌스러운 것이나 부적절한 것으로 오해받기도 한다.

남자 아이들을 지도하는 부모나, 교사, 또 지도자들은 이 두 가지, 즉 건강한 공격 성향과 비정상적인 공격성 간의 차이점을 정확하게 구분하지 못한다. 그래서 오늘날 많은 교육자들이 남자 아이들의 정상적인 놀이조차도 노골적으로 금지하는 것이다.

크리스티나 호프 소머스(Christina Hoff Sommers)는 그녀의 책 《남자 아이들과의 전쟁(The War Against Boys)》에

보스턴 지역의 교사인 바버라가 1년간 초등학교 학생들을 관찰한 내용을 실었다.

"엄마와 여자 선생님들은 아이들을 비폭력적으로 키우기 위해 그들의 삶에서 모든 종류의 대립(장난감 총이나 칼, 레슬링, 밀치기, 그리고 그밖의 폭발물이나 사고들을 모방한 놀이)을 제거해야만 한다고 생각한다. 하지만 그러면 그럴수록 남성과 여성 문화 사이의 분열은 점점 더 커진다."

아들과 딸을 모두 가진 부모들은 이들이 얼마나 다른지 이미 잘 알고 있을 것이다. 그들은 행동과 놀이, 또 언어 사용에서도 많은 차이를 보인다.

최근까지만 해도 우리 사회의 일부 사람들은 남성과 여성은 생식기 이외에는 별다른 차이점이 없다고 주장했다. 그래서 지난 수십 년 동안의 문화 운동은 대부분 여성해방 운동이거나 개화된 지식층의 주관으로 이루어진 움직임이었다.

이들은 부모들에게 자녀들을 중성적인 아이들로 키울 것을 권장했다. 여자 아이들뿐만이 아니라 남자 아이들도 인형을 가지고 엄마 놀이를 하면서 그들의 여성적인 특성들을 개발해야 한다는 것이다.

또한 이제는 여자 아이들도 특정한 성별에 대한 고정관념을 깨고 모든 활동에 자유롭게 참여해야 한다고 한다. 이 얼마나 어리석은 생각인가.

부모들이 아무리 성별의 벽을 뛰어넘는 놀이 문화로 아이들을 유도해도 결국 남자 아이들은 인형을 총이나 수류탄으로 둔갑시켜서 전쟁놀이를 하고, 여자 아이들은 티(tea) 파티 같은 보다 사교적인 놀이로 서로 뭉치게 되기 때문이다.

불행하게도 남자 아이들의 이런 파괴적인 성향은 있지도 않은 문제를 심각하게 만들기도 한다. 특히 남자 형제나 아버지가 없이 자란 여성들은 남자 아이들이 그저 냄새나고 시끄러운 골칫덩어리일 뿐이라고 간주한다.

내 친구 중의 한 명은 남자들은 열세 살 이후에는 더 이상 인격이 성숙하지 않는다고 주장한다. 어쩌면 그의 생각이 맞을 수도 있다. 어쩌다 친구들과 함께 사냥이나 캠핑을 가게 되면, 아이들이 웃고 떠드는 것과 똑같이 시끄럽고 무절제하게 노는 우리의 모습을 발견한다. 대부분의 남성적인 매력은 그 안에 여전히 남아 있는 어린 소년의 모습이 아닐까?

## 남자 아이들과의 전쟁

남성들의 이 파괴적인 성향 때문에 지난 20여 년간 우리 사회는 남자 아이들을 여성화하려는, 아니 최소한 그들을 좀 더 부드럽게 하려는 처절한 시도를 했다.

존 엘드리지(John Eldredge)는 그의 저서 《야성(Wild at Heart)》에서 이렇게 표현한 바 있다.

"우리 사회에 만연한 생각은, 남자 아이들의 공격적인 성향이 본질적으로 나쁘다는 것이다. 그래서 그 아이들을 좀더 여성적으로 변화시켜야만 한다고 착각한다."

최근의 어떤 학교에서는 수업 중간에 쉬는 시간을 아예 없애버렸다. 보통 남자 아이들은 쉬는 시간에 운동이나 놀이를 함으로써 억압된 에너지를 표출하는데 이들에게서 쉬는 시간을 빼앗아 버렸으니 수업 시간에 가만히 앉아서 집중하지 못하고 오히려 더 산만해졌다고 한다.

이것이 바로 여학생보다 남학생들이 훨씬 더 쉽게 주의력 결핍과 활동항진 장애 판정을 받는 이유 중 하나이다. 게다가 여학생은 타고난 성향이 남학생보다 차분하고, 품행이 단정하며, 더 솔직히 말해 학업에서도 더 우수한 성과를 보이기 때문에 이 불균형은 더 심화될 수밖에 없다.

그렇다고 해서 학교에 잘 적응하지 못하는 이런 남학생들을 단순히 약물로 치료하는 것은 절대로 긍정적인 해결 방법이 아니다. 한가지 흥미로운 것은 아버지나 혹은 남자 어른들이 수업시간에 자원해서 봉사할 때에는 남학생의 이러한 성향이 많이 진정되는 것을 볼 수 있다. 그 예를 보여주는 일화가 있다. 아프리카의 한 금렵구역에 사는 코끼리들의 이야기다.

수년간 관찰한 결과, 자기들끼리 모여 사는 청소년기의 수코끼리들 무리에 어른 수코끼리들이 끼려고 하지 않는 것이었다. 더더구나 암코끼리들은 어른이 거의 다 된 청소년기의 수코끼리들이 자기들 부근이나 새끼 코끼리 부근에 오는 것을 허락하지 않았다.

그러자 이렇게 따로 구별된 청소년 수코끼리들은 아주 공격적이 되어 버렸다. 그 코끼리들은 주변의 농장과 마을에 들어가 곡식들을 짓밟고 농가를 부수며 심지어 주민들을 공격하기까지 했다.

모든 코끼리 전문가들이 모여서 이 문제 해결을 위한 방안을 논의했다. 장시간에 걸쳐 토론을 했지만 아무 성과가 없었다. 하는 수 없이 그들은 나이든 아프리카의 추장을 한 명 불러 도움을 청했다. 그 추장은 "늙은 수코끼리를 한 마리 데려오라"고 말했다.

그리하여 다른 지역에서 찾은 늙은 수코끼리 한 마리를 비행기로 수송해서 코끼리 떼가 있던 장소에 내려놓았다. 그 후 몇 주 동안 코끼리 떼가 나타나지 않았다. 그러던 어느 날 그 무리가 다시 나타났다. 그런데 이상하게도 빽빽한 숲 속에서부터 한 줄로 나란히 평화롭게 걸어 나오는 것이 아닌가. 젊은 코끼리들은 늙은 코끼리 뒤에 서서 질서정연하게 행진하며 나왔다.

그 이후로는 이전과 같은 문제가 다시는 일어나지 않았다. 이 이야기의 교훈은 남자들 사회에서는 현명하고 성숙하며 나이든 지도자가 필수적으로 있어야 하는데 이는 그들의 행동 양식에 직접적인 영향을 미친다는 것이다.

또 다른 예로 약 4년 전쯤 나는 한 크리스천 농구팀에서 선수 생활을 한 적이 있었다. 나는 선수 중 가장 나이가 많았는데 그들 대부분은 20대 중반 아니면 후반이었다. 하루는 팀의 총감독 크리스와 대화를 나누었다.

"크리스, 나를 팀에 끼워줘서 정말 고맙네. 나도 이젠 실력이 옛날 같지 않거든."

"그건 상관없어요. 당신과 함께 뛰어서 정말 기뻐요. 당신이 있으면 팀원들이 좀 진정되거든요."

처음 그 말을 듣는 순간에는 그것이 칭찬인지 아닌지 분간이 안 갔다. 그러나 크리스의 설명을 들으니 이해가 갔다. 농구와 같은 경쟁적인 경기에서는 자기 조절 능력이 있는 나이든 남성이 함께 있으면 젊은이들이 쉽게 혈기를 부리지 않고 진정한다는 것이다.

늙은 코끼리의 예화에서나 나의 경험담의 요점은, 젊은이들의 공격적인 행동을 조절하는 데에는 외형적인 체격이나 강인함을 소유한 남성의 영향력이 필요하지 않다는 것이다. 나나 늙은 코끼리 둘 가운데 어느 누구도 젊은이들보다 크지도 강하지도 않았다. 우리는 그저 긍정적인 행동 표본을 보여줌으로써 젊은이들을 인도한 것이었다.

젊은 남성은 항상 특정 상황에서 어떻게 행동해야 하는지 표본이 될 사람을 찾는다. 그렇기 때문에 학교에서든 사회에서든 간에 기준이 될만한 나이 든 남성이 필요하다.

크리스티나 호프 소머스의 말을 빌리면, "오늘날 미국에 사는 남학생들에게는 참으로 안된 일이다. 새 천 년이 시작된 이후에 우리 여자 축구팀이 승리의 개가를 부르게 된 것이 미국 여학생의 상징처럼 인식되었다. 그러나 애석하게도 남학생들은 콜롬비아 고등학교의 총기 난사 사건으로 낙인이 찍혀버렸다."

심지어 대중매체와 여성해방론자들은 남학생들을 사회의 병폐나 악의 근원이라고까지 비하한다고 소머스는 말했다.

많은 특수 이해 집단은 남자 아이들의 자연스러운 남성적인 행동 양식을 공립학교의 사회공학 프로그램을 통해서 일찌감치 근절시켜야 한다는 주장까지 하고 있다.

이런 집단의 주장은, 과거의 많은 학교들에서 여학생들의 희생 아래 남학생들에게만 특혜를 주었다는 것이다.

십여 년 전에 웰즐리 대학(Wellesley College)의 연구원인 수산 베일리(Susan Bailey)가 쓴 논문이 일간지의 톱뉴스가 된 일이 있었다. 〈여학생들에게 불공평한 학교 교육〉이라는 제목으로 나온 논문에서는, 교사들이 남학생들에게 더 많은 관심을 쏟으며 특히 수학과 과학 수업 시간에 여학생들을 소외시킨다는 것이다. 결국은 여학생들보다는 남학생들의 흥미 위주로 학교를 이끌어 간다는 주장이었다.

그러나 요즘의 조사 결과에 따르면 오히려 남학생들이 학교에서 뒤처진다고 한다. 남학생들은 여학생들에 비해 최대 일년 반까지 수준이 떨어지며, 대학에 진학하는 비율도 훨씬 저조하다고 한다.

1997년도에는 대학 정원의 45퍼센트가 남학생, 55퍼센트가 여학생으로 구성되었다. 미국 교육부에 따르면, 남학생들의 저조한 대학 진학률은 앞으로 더욱 심화될 것으로 보인다고 한다.

지금 내가 이 글을 쓰는 중에도 〈오리거니언(Oregonian)〉지는 작년에 포틀랜드, 밴쿠버 지역에 있는 71퍼센트의 고등학교 졸업식에서 여학생이 졸업생 대표 연설을 했다고 보도했다.

기사는 프로비던스 대학(Providence College)의 사회학 교수로서 수년간 교육에서의 남녀 차이를 연구했던 코르넬리우스 리오르단(Cornelius Riordan) 교수의 말을 인용하여 "지난 30년간 남학생이 다수를 차지했던 대학생의 비율도 이제는 반대가 되었다. 이는 중요한 사회적 변화에 박차를 가하는 역할을 한다. 1970년대 초에는 대학의 60퍼센트가 남학생이었는데, 현재는 그와 정반대로 대략 60퍼센트가 여학생이다"라고 했다.

우리는 남자 아이들의 자연스러운 행동들이 분명 조절되어야 한다는 점을 인식하는 동시에, 하나님께서 태초에 그들을 그런 모양으로 창조하셨다는 사실을 기억할 필요가 있다. 창조의 사역은 우리가 살고 있는 이 세상에 엄청난 기적들을 이루어냈다. 소머스는 이를 다음과 같이 요약한 바 있다.

"《남자 아이들과의 전쟁(The War Against Boys)》이라는 책에서는, 어떻게 해서 오늘날 수백만 명의 건강한 남자 아이들을 비정상으로 간주하는 것이 유행처럼 되어 버렸는지 그 원인을 밝히고 있다. 또 왜 우리가 남자 아이들을 적대시하고 정력, 에너지, 경쟁심, 용맹 등의 건전한 남성의 특성이 사회의 선을 이루는 데 반드시 필요하다는 너무나 간단한 진리를 무시하게 되었는지를 말해 준다. 남자 아이들의 공격적인 성향이 반드시 감독 아래 건전한 방식으로 발산되어야 한다는 사실에는 그 누구도 반대하지 않는다. 남자 아이들은 훈련과 존경심 그리고 도덕적인 지도가 필요하다. 사랑과 인내심을 가지고 이들을 이해하려고 노력하라. 절대로 이들을 비정상적으로 취급해서는 안 된다."

또한 페미니스트(feminist)를 반대하는 작가인 카미유 패글리아(Camille Paglia)는 "남성에게는 공격적이고 불안정하며 쉽게 흥분하는 성향이 있다. 그러나 그러한 성향이 지금까지 인류의 역사를 이끌어온 가장 창조적인 원동력이 되어온 것 또한 사실이다"라고 말한다.

스트레스와 압박이 남자 아이들의 행동에 영향을 미친다. 오늘날의 아이들, 특히 십대 청소년들은 이전에 우리가 경험했던 것과는 전혀 다른 문제들과 스트레스에 시달리고

| 1940년대 고등학교에서<br>가장 보편적인 문제들 | 1980년대 고등학교에서<br>가장 보편적인 문제들 |
| --- | --- |
| 잡담 | 마약 |
| 껌 씹기 | 음주 |
| 시끄러운 잡음 | 임신 |
| 복도에서 뛰기 | 자살 |
| 줄 서는데 끼어들기 | 강간 |
| 복장 규정 어기기 | 절도 |
| 쓰레기 함부로 버리기 | 폭행 |

있다. 이전에는 성인들에게나 가능했던 일들이 지금은 청소년들에게 자유롭게 개방되어 있다.

청소년들이 얼마나 쉽게 폭력, 성, 그리고 권위에 도전하는 내용들을 텔레비전이나 영화들을 통해 매일같이 접할 수 있는지 알게 되면 도저히 믿을 수 없을 것이다.

《아들을 키우면서 즐기는 법》의 올리버 부부는 이를 아주 적절한 말로 표현했다. "시대가 변하고, 우선순위가 바뀌고, 가치관이 달라졌다. 그러나 이러한 변화들 중에 결혼 생활과 가족 그리고 우리의 아들들에게 좋은 영향을 끼친 것은 많지 않다."

어느 시대를 막론하고 십대는 힘든 시기지만, 오늘날 청소년들의 비행은 당사자들에게 평생 씻을 수 없는 고통을 가져다주기도 하고 심지어는 죽음으로까지 몰고 간다. 젊은이들 사이에서 높은 비율로 나타나는 에이즈는 그들의 도덕관념에 관한 지속적인 경각심을 일으킨다. 무분별한 성관계를 통해 감염되는 질병이 범람하며, 이들 중 많은 경우에 치유가 불가능하다.

15세부터 24세 남자의 사망 원인에서 두 번째로 높은 것이 살인이다. 질병예방 센터의 보고에 따르면 미국 내 청소년 살인 미수가 캐나다의 10배, 호주의 15배 그리고 독일이나 프랑스의 8배나 된다고 한다.

그 원인 가운데 하나는 우리 아이들의 지나치게 빠른 성장 속도이다. 심리학자인 데이비드 엘킨드(David Elkind)의 주장을 살펴보자.

"우리 사회는 더 이상 어린이를 순진무구하게 보지 않는 것 같다. 아니 어린이의 순진무구함을 긍정적으로 보지 않는다고 말해야 더 정확할지도 모르겠다. 어린이는 인간의 모든 악덕과 부패에 그대로 노출되어 있다. 이는 아이들이 악에 익숙해질수록 보다 성공적인 삶을 산다는 잘못된 가정을 시발점으로 한다. 덕망 있고 명예로운 삶이 아니라 성공적인 삶을 산다는 명목 아래, 나쁜 경험이야말로 더 나쁜 경험을 대비한 최선의 준비 방법이라는 잘못된 믿음에 기반을 두고 있는 것이다."

결혼 전 성관계를 예로 들자면, 사회 전반적으로 흐르는 사상은 십대들의 성 경험을 우리의 노력으로 도저히 막을 수 없다는 것이다. 그래서 차라리 성적인 절제를 강조조차 않기로 결론을 내린 것이다.

한때 아내가 일했던 고등학교의 교장 선생님은 "그냥 내버려 두는 것은 권장하는 거나 마찬가지의 효과가 있다"라고 강조했다. 그러나 오늘날의 허다한 청소년 문제에 그다지 관심이 없는 어른들에게 이 말은 별로 설득력이 없어 보인다.

남자 아이들은 잘못된 고정관념 속에서 그 틀에 맞추어 살라고 강요받는다. 남자는 사랑 때문에 울지 않는다. 진정한 남자는 강하고 말이 없으며, 망가진 것은 뭐든지 고칠 수 있다. 심지어 고통조차도 느끼지 않는다. 진정한 남자는 부유하고 성공한 사업가이다. 성적인 경험도 아주 풍부하다…… 등등의 잘못된 고정관념들 말이다.

거의 신비에 가까운 남성의 역할모델로 남아 있는 인물들을 보면, 제임스 본드는 그의 삶에서 스쳐지나가는 모든 여성들과 잠자리를 같이 한다. 액션 영화의 주인공들은 실제보다 훨씬 더 크고 강한 영웅으로 미화되며, 한 번에 수십 명을 때려눕히거나 죽이면서도 자신은 절대로 다치지 않는다.

스포츠 선수나 영화배우, 그리고 가수들은 약물이나, 성폭력, 심지어는 살인과 같은 자신들의 무분별한 행동과 그 결과에 대해 전혀 책임을 지지 않는 듯 보인다. 우리의 어린 아이들이 이러한 그릇된 고정관념에 부합한 삶을 살도록 강요받거나, 아니면 그렇게 살지 못할 때 그들의 자아상은 얼마나 왜곡될 것인가?

아들을 키우는데 남녀 간의 차이를 이해하는 것은 꽹장히 중요한 문제이다. 당신이 어릴 적에, 또 지금 성인이 된 후에도 당신의 사고로 요즘의 남자 아이들을 보면 곤란하다. 남자 아이들은 당신과는 본질적으로 다르다. 그들은 당신과는 전혀 다른 방법으로 사고하고 정보를 처리하며, 감정을 표현하고 문제를 해결한다.

다음 장에서는 이러한 차이점들을 살펴보고, 실제적인 기술과 또 성별의 차이 때문에 생기는 문제들을 해결하는 데 도움이 될만한 방안을 제시할 것이다. 이러한 차이점을 이해하는 엄마들은 아들을 위대한 남성으로 키우는 소명을 이루는 데 훨씬 더 유리한 고지에 설 것이다.

# 아들의 남성적 성향을 존중하라

내 친구 중 한 명이 실화라고 주장한 이야기이다.

에디의 엄마는 에디가 세 살 때 글 읽는 법을 가르쳤다(그녀가 한 첫 번째 실수). 어느 날 에디는 목욕탕 선반 문이 열려 있는 것을 발견했다. 자연히 에디는 선반 안에 있는 생리대(sanitary napkin)가 든 상자에 쓰인 글씨를 읽게 됐다.

"엄마, 왜 목욕탕에 냅킨이 있는 거야? 냅킨은 부엌에서 쓰는 물건이잖아?" 에디가 아직 그것까지 알 필요가 없다고 여긴 엄마는 그냥 가볍게 넘겼다. "응, 그 냅킨은 아주 특별한 날에만 쓰는 거야."

그러고는 몇 달이 지난 추수감사절, 에디의 부모는 목사님 부부를 집으로 초대했다. 에디의 부모는 아이들에게 각자

할 일을 맡겨놓고 목사님 부부를 모시러 갔다. 에디에게는 식탁에 수저를 놓으라고 시켰다.

목사님 부부가 집에 도착했다. 가장 먼저 집안으로 들어온 목사님은 그만 웃음을 터뜨리고 말았다. 목사님의 아내도 들어와 보고는 웃음을 참지 못하고 킬킬거렸다. 다음으로 들어온 에디의 아버지는 큰 소리로 박장대소하고 말았다. 가장 마지막으로 집안으로 들어온 에디의 엄마는 식탁 위에 '특별한 용도로 쓰는 냅킨'이 각 자리마다 놓여 있는 것을 보고 창피해서 어쩔 줄을 몰라 했다. 그 위에는 포크가 가지런히 놓여 있었다.

에디는 심지어 끝부분이 늘어지지 않게 생리대의 양 꼬리 부분을 살짝 접어놓기까지 했다. 그 당시만 해도 양끝의 꼬리를 핀으로 고정시켜서 착용했었다. 도대체 왜 그랬냐고 에디에게 묻자 에디의 대답이 가관이었다. "엄마가 이 냅킨은 아주 특별한 날에만 쓰는 거라고 했잖아!" 이를 들은 어른들은 모두 배꼽을 잡고 한바탕 웃었다.

아들을 키우는 엄마들이 부딪히는 문제는 단순히 의사소통과 관련된 것만은 아니다. 이 장에서는 아들을 키우는 엄마들이 주로 고민하는 몇 가지 영역들을 다룰 것이다. 모든 문제들을 총망라한 것은 아니고, 우리가 반드시 알아두어야 하는 함정들 몇 가지를 말이다.

　나의 의도는 독자에게 확신을 주거나 비판하려는 것이 아니라, 단지 아래 영역들에서 보다 민감해야 한다는 점을 상기시키기 위함이다. 하나 확실히 해둘 것은 모든 남자 아이들이' 심지어 엄마하고만 자란 아이들일지라도 전부 이러한 문제들을 안고 있는 것은 아니라는 점이다. 오히려 한부모 가정에서 자란 아이들이 더 올바르게 크는 것을 많이 볼 수 있다. 어쨌든 어떤 상황에서라도 아래의 문제들을 염두에 두고 있으면 도움이 된다.

## 엄마와 아들 그리고 앞치마 끈

　자애로운 엄마를 둔 아들에게는 좀처럼 불행이 닥치지 않는다.

W. 서머싯 몸(W. Somerset Maugham)

　엄마와 아들은 특별한 관계임에 틀림없다. 그러나 아들이 건강한 성인으로 자라기 위해서는 여러 단계에 걸쳐 엄마에게서 떨어져 나와야 한다. 일반적으로 다섯 살 전후와 사춘기 동안에 걸쳐서 이런 과정이 일어난다.

이 시기에 남자 아이들은 여러 가지 방식으로 엄마와의 단단한 결속에서 떨어져 나간다. 어린 아이들은 예민해지면 종종 "엄만 너무 못생겼어!" 혹은 "엄마 싫어!"라고 말하기도 한다. 이러한 말들은 엄마의 가슴을 아프게 하지만, 모성애라는 견고한 품속에서 빠져나가는 남자 아이들만의 독특한 방식이다.

남자 아이들은 더 나이가 들면 무례하게 굴거나, 시무룩하게 골을 내고, 때로는 엄마의 권위에 도전하기도 한다. 현명한 엄마라면 이런 반응들을 개인적으로 받아들이기 보다는 정상적인 발달 과정의 일부로 인식하고 아이들이 이 시기를 잘 지나도록 지도한다.

아버지가 집에 없거나 정서적으로 무관심한 가정에서 자라는 남자 아이들은 이런 엄마에게서 독립되는 과정을 더 힘겹게 지나간다. 때로는 아들이 성인으로 성장하는 데 엄마 자신이 걸림돌이 되기도 한다. 그러나 성인이 되기 위해서는 엄마의 세계에서 확실하게 분리되어야만 한다.

인류의 문명이 시작된 이후로 많은 부족에서 남자 아이들을 엄마의 세계에서 분리시켜 성인으로 입문시키는 고통스러운 예식을 행해 왔다. 어떤 때는 아이 자신이 이를 거부하기도 한다. 그동안 자신을 편안하게 감싸고 보호했던 엄마 품에 좀더 머물고 싶기 때문이다.

그러나 남자들의 세계는 투쟁과 부담스러운 책임이 따르는 세상이다. 아들을 자신과 주위의 다른 사람들을 책임지는 사람으로 키우는 것이 우리의 목표가 아닌가. 즉 가족을 양육하고 부양하며, 보호하고 담대하게 인도하는 가장으로서 자신의 행동에 책임을 질 줄 아는 성인 남자로 키우는 것 말이다. 결혼을 하든 아니면 독신으로 살든 아들은 교회와 이웃 그리고 사회의 지도자로서 책임을 완수하는 성인으로 자라야 한다.

모성과 부성은 타고나는 것이 아니라 배워서 익히는 것이다. 특히 남자 아이들은 시각적인 존재라서 보고 관찰함으로써 배우게 된다. 특정한 상황에서 어른이 어떻게 행동하는지, 말하는지, 문제를 해결하는지를 관찰함으로써 자신도 성인이 되는 것을 배워간다. 어릴 때부터 남자들의 일을 하게끔 지도 받아야 하며 동시에 권위를 남용하거나 남을 지배하는데 사용하는 것이 아니라는 것을 배워야 한다.

그러면서 남자들에게는 고매하게, 여자들에게는 부드럽게 인식되는 지도력도 개발해 나가야 하며, 진정한 남자가 무엇인가를 올바로 이해해야 한다. 또 진정한 남자들의 세계에서 지켜야 할 행동 수칙들도 알아야 한다. 그러기 위해서는 엄마뿐만 아니라 아버지도 더불어 필요하다. 아버지가 없는 가정에서는 아들의 성장에 필요한 것이 무엇인지 온전히 이해하는 훌륭한 엄마가 필요하다.

## 그러다 다치기라도 하면 어쩌지!

남자 아이건 여자 아이건 엄마와 아이 사이의 건강한 균형을 위해 '별다른 존재'로서 아버지가 필요하다. 아버지는 엄마의 실질적인 혹은 가상의 불공평함과 과다한 참견에서 피난처가 되어준다.

빅토리아 세쿤다(Victoria Secunda),
《아버지와 딸들(Women and Their Fathers)》

내 친구 크리스는 다섯 살짜리 남자 아이가 있는 싱글맘을 사귀고 있다. 어느 날 나는 그녀와 함께 크리스가 그녀의 아들 토니에게 미치는 영향에 관해 이야기를 나누었다. "하루는 크리스가 우리를 자갈채취장으로 데리고 갔어요. 나 같으면 절대 토니를 그런 곳에 데리고 가지 않았을 거예요.

그런데 토니가 너무 좋아하는 거 있죠! 크리스는 아이한테 자갈 더미 위에서 뛰어보라고까지 했어요. 난 토니가 넘어져서 다칠 게 뻔하다고 생각했죠. 그래서 말리려고 했는데 크리스가 그냥 가만 놔두라는 거예요. 남자 아이들은 그러면서 노는 거라나요. 그게 아슬아슬한 재미라는 거예요.”

여기서 말을 멈추자 그녀는 잠시 생각에 잠겼다. 그러고 나서 그녀는 “나는 그런 생각은 한 번도 해보지 않았어요. 토니는 그날이 자기 삶에서 가장 멋진 날 중에 하나였다고 말하더라고요.”

존 엘드리지(John Eldreadge)는 《야성(Wild at Heart)》에서 이렇게 제안했다. “남자 아이들을 재미있게 해주는 일은 비교적 간단하다. 약간의 위험부담이 있는 활동이나, 탐험 정신을 자극하는 일, 때리고 부수는 일을 시키면 반드시 좋아할 것이다.” 나도 그 의견에 전적으로 동의한다.

엄마는 자신의 자연스러운 보호 본능 때문에 종종 아이들을 과잉보호한다. 어쨌거나 엄마에게는 아들을 교화시켜야 할 책임이 있다. 이러한 과정에서 남자 어른의 영향이 없다면, 남자 아이들은 위험을 감수하는 일과 인생의 성공을 추구하는 일 사이의 중요한 연결고리를 배우지 못하게 된다.

상처를 입고, 실패하고, 어려움을 견뎌내고, 난관을 극복하고 성공하는 일은 진정한 남자로 성장하는 데 중요한 요소들이다. 자라면서 자신을 구름다리에 올려주고 "뛰어내려 봐!"라고 말해주는 남자 어른이 한 명도 없었던 아이들은 이런 과정에서 고통을 겪는다. 엄마들은 이럴 때 항상 "제발 조심해라! 내 손 잡아! 절대 뛰면 안 돼! 그럼 다쳐!"라고만 말한다.

또한 엘드리지는 덧붙였다. "우리가 주로 남자 아이들에게 사용하는 말은 '하지 마!' 라는 것이다. 거기 올라가지 마! 망가뜨리지 마! 좀 얌전히 있어! 조용히 해! 어지르지 좀 마라! 위험한 일 좀 저지르지 마! 등의 말처럼. 그러나 하나님의 형상으로 지어진 본래의 의도는 명백한 긍정, 즉 '하라'의 명령이었다. 강하고, 담대하며, 열정을 품어라!"

심지어는 남자 어른이 아이들과 놀아주는 방식만으로도 아이들 뇌의 특정 부분을 개발하는 데 도움을 줄 수 있다. 집안에서 아이를 높이 던지며 장난을 치는 것만을 봐도, 바닥에 떨어지기 전에 받아줌으로써 아이에게 위험에 도전하는 것이 안전하다는 점을 알려준다.

최근의 연구 결과에 따르면, 남자 아이들은 남자 어른과 노는 과정에서 뇌의 아주 중요한 부분이 개발되는데 이때 평생에 걸친 자신감과 모험심을 기르게 된다는 것이다. 《뱃속에서부터 어른이 될 때까지 : 태아에서 성인으로(Oneness and Separateness : From Infant to Individual)》의 저자 루이스 카플란(Louise J. Kaplan)은 다음과 같이 말했다.

"갓 태어난 아기는 엄마에게서 그 뿌리와 의지처를 찾는다. 어린 아기에게 아버지는 엄마와 다르다는 이유만으로도 중요하고도 흥미로운 존재이다. 아버지는 친밀감을 주는 동시에 기괴함이나 무서움을 주지 않으면서도 호기심을 자극하는 신기한 존재이다."

아이들, 특히 남자 아이는 위험에 도전하는 것이 재미있고 가치가 있으며 때로는 안전하지 않다는 점을 배운다. 마룻바닥에서 아버지, 혹은 남자 어른과 뒹굴면서 레슬링을 하는 것은 신체적인 발달뿐 아니라 정서적인 건강과 긍정적인 자아상에 도움을 준다. 때때로 아이들이 놀면서 다치더라도 그냥 내버려 둬라.

내가 일곱 살쯤 되었을 때 텔레비전에서 타잔 영화를 봤다. 나무 사이를 넘어 다니는 타잔의 모습을 보며 나도 그렇게 할 수 있다는 생각이 들었다. 나는 우리 집 앞마당에 있는 나무에 올라가서 밧줄을 높이 걸었다. 그러고는 밧줄을 움켜

잡고 몸을 번쩍 날렸다. 그 다음에 무슨 일이 일어났는지는 아마 짐작할 것이다. 땅바닥까지 줄을 잡고 미끄러져 내려오는 동안 손바닥에 불이 나는 것 같았다. 손바닥의 살이 다 까진 것은 말할 것도 없다.

나는 울면서 집으로 들어가 엄마에게 달려갔다. 1960년대의 여느 평범한 엄마들과 마찬가지로 우리 엄마도 내 손에 바셀린 연고를 발라주셨다. 그러고는 바보 같은 짓을 한 것을 나무라며 울고 있는 나를 현관으로 내쫓으셨다. 내가 아픈 손을 호호 불며 현관에 앉아 있을 때 우체부 아저씨가 집 앞으로 다가오셨다.

"애야, 왜 그러니?"

"나무에서 밧줄을 타다 손을 다쳤어요." 나는 혹시라도 동정을 사지 않을까 해서 흐느껴 울면서 말했다.

아저씨는 잠시 동안 나를 물끄러미 쳐다보더니 머리를 흔들며 속삭이셨다. "다음엔 장갑을 꼭 끼고 해라."

짜잔! 장갑이라니…… 얼마나 멋진 생각인가? 그러면 손도 다치지 않고 밧줄도 더 꽉 잡을 수 있었다!

우체부 아저씨가 나더러 다음에는 절대 밧줄을 타지 말라고 하지 않으신 것을 보면, 그분은 내가 또다시 밧줄을 탈 것이라는 사실을 알고 계신 것이었다. 그는 내가 밧줄을 꼭 정복하고야 말것이라는 사실을 알고 계셨다. 그래서 이른바 말을 타기 위해서는 먼저 말 위에 올라타야 한다는 점을 가르쳐주신 것이었다.

며칠 후 손이 거의 다 나았을 때, 나는 창고로 몰래 들어가서 가죽으로 된 아버지의 작업용 장갑을 살짝 꺼냈다. 그러고는 용기를 내서 다시 나무 위로 올라가 밧줄에 몸을 싣고 빠른 속도로 내려왔다.

한데 이번에는 장갑이 마찰을 받으면서 그 안에 있는 손이 점점 뜨거워지는 게 아닌가? 나는 그만 손을 놔버렸다. 그 순간 쭉 미끄러지면서 등이 땅에 쾅 부딪치며 떨어졌다. 그래도 손은 하나도 까지지 않았다.

아마 당신은 내가 그쯤에서 포기하고 단념했으리라 생각할지도 모른다. 죄송하지만 엄마들이여, 남자 아이들의 생각은 전혀 다르다. 이번에는 엄마에게 아무 말도 하지 않았다. 그랬다간 다 된 밥에 재를 뿌리는 꼴이 되기 때문이었다. 엄마가 모르기만 하면 아무 문제 없었다.

등이 다 나은 후, 나는 정신을 차리고서 도대체 뭐가 문제인지 골똘히 생각해 봤다. 이해가 안 됐다. 타잔은 어떻게 그렇게 밧줄을 잘 타는 거지? 장갑도 끼지 않았잖아? 나는 영화를 다시 보면서 자세히 관찰해 보기로 마음먹었다. 내가 무언가 중요한 것을 빠뜨린 것은 없는지 찾아보기로 했다.

타잔의 행동을 하나하나 유심히 관찰하던 도중 나는 갑자기 깨달음의 단비를 맞았다. 타잔은 밧줄을 발목에 묶었던 것이다! 왜 내가 진작 그것을 못 봤을까? 그것은 너무나 간단한 원리였다. 그러면 더 이상 미끄러져 떨어질 이유가 없었다.

나는 즉시 마당으로 뛰쳐나가서 나무에 올라가 밧줄을 발목에 묶었다. 그러고는 장갑을 낀 손으로 밧줄을 꽉 잡고서 몸을 날렸다.

세상에나! 다음 순간 나는 마치 타잔처럼 가볍게 바람을 타며 날고 있었다! 나는 동네가 떠나가도록 소리를 지르며 타잔 흉내를 냈다. 정글 숲을 날아다니면서 사자들과 씨름을 하며 위험에 처한 미녀를 구해내는 내 모습을 상상하면서……

물론 시간이 조금 흐른 후에 나는 6미터 정도 공중에 붕 떠서 오도 가도 못 하는 신세가 되고 말았다. 하지만 그것이 뭐 어떻단 말인가! 타잔처럼 나무에 매달려서 날았는데. 게다가 어려운 난관을 인내와 용기, 지혜로 극복했는데 말이다.

이런 과정을 통해 남자 아이들은 성인이 되어가고, 삶에서 부딪히는 문제들을 해결하는 법을 배운다. 절대로 지나치게 과잉보호해서 아이들의 노력에 찬물을 끼얹지 마라. 아이들은 다치게 되면 단순히 운이 없었나 보다 하고 넘어간다는 사실을 기억하라.

아들을 많이 키운 엄마들은 종종 아이들이 지붕에서 뛰어내린 일, 언덕에서 브레이크를 밟지 않고 자전거를 탔던 일, 폭죽을 만들었던 일 등을 떠올리면서 크게 다치지 않은 것을 다행으로 여긴다. 그런데 참 신기하지 않은가? 이상하게도 그 아이들은 성인으로 무사히 잘 자랐다.

남자 아이를 키우는 부모라면 적어도 몇 번은 응급실로 달려갈 마음의 준비를 하는 편이 좋다. 우리 아들은 꿰매러 얼마나 여러 번 병원에 갔는지 의사가 우리 부부를 아동학대자로 의심할 정도였다. 나는 희미한 응급실 불빛 아래에서 어떻게 우리 아이가 개한테 밀려 넘어지면서 머리를 돌에 박았는지, 깨진 유리컵을 집으려다가 손가락을 어떻게 베었는지 등등의 변명을 했다. 내가 스스로 듣기에도 말이 안 되는 소리였다.

위험한 일에 도전하는 것은 아이들이 남자로 성장하는 과정의 일부다. 당신의 아들은 실패를 통해서도 필요한 교훈을 배워야 한다. 현명한 엄마는 아들의 이런 남자다운 기질을 그대로 살려둠으로써 평생 그 덕을 본다.

 * 하나님의 소리로 아들을 위대하게 키우는 법

- 높은 곳에서 스케이트보드를 타고 얼마나 멀리 나는지 시험하기.
- 슈퍼에서 콧구멍에 커피콩 쑤셔 넣기(이 행동의 주인공은 두 살짜리 남자 아이로 병원 응급실로 직행했다).
- 스펀지, 동전 두 개, 지렁이, 개나 고양이 밥, 그리고 상한 감자 먹으면서 뽐내기.
- 만화 주인공 흉내 내면서 동생 머리를 망치로 때리기.
- 휘발유 통에다 폭죽을 잔뜩 집어넣고 얼마나 크게 터지나 보기.
- 동생 얼굴과 몸에 페인트를 발라서 오즈의 마법사에 나오는 깡통 인간처럼 만들기.
- 새로 산 난로를 보고 실험 삼아 뚜껑에 소변보기(이 역시 두 살짜리 남자 아이 짓이다).

## 사랑이라는 명목으로 성장을 지연시키지 마라

모성애의 안전한 그늘에서 빠져 나오는 일은 엄마와 아들 두 사람 모두에게 견디기 힘든 단절감을 줄 수 있다. 어떤 아이들은 이를 감히 하지 못한다. 또 어떤 엄마들은 아이가 아직 준비가 되지 않았다는 이유로 이를 허락하지 않는다. 또 다른 엄마들은 아이를 마음에서 떠나보낼 준비가 전혀 되지 않았다.

프랭크 피트만(Frank Pittman), 《사내다운 남자가 되는 법(*Man Enough*)》

어떤 엄마들은 지나치게 지배적으로, 아니면 무조건적인 인내로 아이들을 대한다. 이는 가정에 아버지나 다른 남성의 지도력이 부재하기 때문이다. 이러한 경우에 사춘기나 그보다 연령이 많은 남자 아이들의 대부분은 다음 두 가지의 방식으로 반항을 한다. 한 가지는 화가 나서 엄마, 혹은 여자 어른을 억누르려고 하는 것이고, 다른 하나는 이에 순응하여 여성화되는 것이다.

아들의 건강한 성장을 촉진시키고자 하는 엄마는 그의 남성적인 성향을 존중해 주는 법을 배워야만 한다. 아들이 행동이 아무리 불만스러워도 아들과의 관계에 쓴 뿌리를 만들어서는 안 된다. 편모슬하에서 자란 아이들이 다 이런 식으로 반항하는 것은 아니지만 반항적인 행동을 하는 젊은이들을 자세히 살펴보면 이에 대한 원인을 찾아볼 수 있다.

로버트 루이스(Robert Lewis)는 그의 탁월한 오디오 테이프 작품인 《진정한 남성으로의 여행(A Journey into Authen-tic Manhood)》에서 여자들만 있는 환경에서 자란 남자 아이들의 특성을 언급한다. 이 테이프는 모든 젊은이들에게 들려줄만한 가치가 있다. 그중 몇 장은 '엄마와 지나치게 강한 유대감을 형성함으로써 생긴 상처' 에 관해 다루고 있다. 그는 이를 다음과 같이 묘사했다.

<table>
<tr><td colspan="2" align="center">사람들 앞에서 아들에게 삼가해야 할 표현과 그 대안</td></tr>
<tr><td>삼가해야 할 표현</td><td>대안</td></tr>
<tr><td>"엄마는 널 사랑해."</td><td>"어제 야구 경기 할 때 정말 멋졌어!"</td></tr>
<tr><td>"조심해, 다치면 안 돼!"</td><td>"또 병원에 가는 일이 없으면 좋겠구나."</td></tr>
<tr><td>"아프니?"</td><td>"정말 잘 견디는구나!"</td></tr>
<tr><td>"넌 어떻게 생각하는데?"</td><td>"갑자기 전에 있었던 일이 생각나는데……."</td></tr>
<tr><td>"왜 그렇게 기분이 나쁘니?"</td><td>"이것 좀 와서 도와줄래?"</td></tr>
</table>

"건강하지 못한 모자간의 정서적인 유대감은 의도적인 것이 아닐지라도 아들이 건강한 남성으로 성장하는 데 방해가 된다."

이러한 현상은 아버지의 부재로 아들의 삶에 신체적, 정서적으로 생긴 빈 공간을 발견한 엄마가 선한 동기로 이 문제를 해결하려고 뛰어들면서 시작된다. 아들을 구하고 싶은 나머지 정도를 지나친 것이다. 이런 경우에 엄마는 문제에 너무 깊이 빠져들어 아들의 일에 정서적으로 지나치게 관여하게 된다. 어떤 때는 아들을 남편의 대리인으로 간주하기도 하고, 무의식중에 아들의 성적 정체감을 파괴하기도 한다.

루이스는 '아버지 부재의 상처'는 거칠고 틈이 크게 벌어진 상처로, '엄마에게 받은 상처'는 눈에 잘 안 띄는 칼로 깊이 베인 상처로 묘사한다. 왜 그럴까? 왜냐하면 이는 학대가 아니라 사랑이라는 이름으로 행해지기 때문이다. 사랑받기 싫어하는 사람이 누가 있을까? 어느 아들이, 특히 아버지에게서 버림받은 아들이, 엄마의 넘치는 사랑과 관심이 자신에게 쏟아 부어지는 것을 싫어하겠는가?

휴 그랜트(Hugh Grant)가 나이든 독신으로 나오는 영화 〈어바웃 어 보이(About a Boy)〉는 그가 기혼 여성들을 전전하면서 관계를 맺는 것을 기본 줄거리로 삼는다. 그러나 실제로 영화는 어떤 어린 소년의 부성에 대한 그리움과 그 절실함에 초점을 맞추고 있다.

우울한 성격의 엄마와 단 둘이 사는 마커스는 아버지, 혹은 남자 어른의 격려와 지도를 절실하게 필요로 하는 열두 살의 어린 아이다. 그 자신도 이를 직감적으로 인식하고 있다. 마커스는 여자 옷을 입고, 머리도 여자처럼 잘랐을 뿐 아니라 학교에서도 매우 소극적이다.

영화의 주요 장면 가운데 하나는 마커스의 엄마가 그를 학교에 데려다주고 돌아가는 중에 계속해서 "마커스, 사랑해!"라고 외치는 모습이었다. 당연히 그것 때문에 마커스는 아이들에게 놀림감이 되어 버린다. 물론 그의 엄마는 아들을 너무나도 사랑한 나머지 그가 남성으로 성장해야 한다는 필요성을 간과한 것이다.

영화의 다른 장면들은 아이의 고민과 필요를 직감적으로 이해하는 남자 어른의 등장과 또 그를 통해서 자신감을 회복하는 아이의 모습을 담고 있다.

그렇지만 엄마야말로 아들의 인생에서 가장 큰 영향을 끼치는 사람임을 명심하라. 남자 아이들은 아주 어릴 적부터 친구의 엄마에게 버릇없이 굴면 친구에게 얻어맞을 수도 있다는 사실을 배운다. 당신의 말썽꾸러기 아들은 여전히 엄마의 관심과 애정을 원한다. 내 말은 단지 사람들 앞에서는 표현을 자제하는 편이 좋다는 것이다.

엄마, 여선생님, 주일학교 여자 선생님, 걸 스카우트 대장과 같이 주로 여성의 지도와 보호 아래 자란 아이들은 종종 남자로서 자신의 정체성을 불안정하게 느끼기도 한다. 청년이 되어서 집을 떠난 후에도 마찬가지이다.

게다가 요즘의 많은 대학에서 필수로 듣게 하는 여성학 시간에는 남성적인 성향을 악마적인 것으로까지 몰아 부친다. 여자들에게만 둘러싸여 자란 남자 아이들은 삶의 여러 문제에 부딪힐 때 여성적인 반응을 보인다. 사실, 그들에게 이외의 다른 식으로 반응할 수 있는 방법을 배울 기회가 있었겠는가?

칼 정(Carl Jung)의 말에 따르면, 감성이 예민한 나이에 엄마하고만 생활한 남자 아이들은 여성적인 태도로 남성의 성향들을 보게 되며, 아버지나 자기 자신에게 조차도 여성적인 시각을 견지하게 된다.

앤드류 클레이번(Andrew Klavan)의 심리 서스펜스 소설 《남편과 아내(Man and Wife)》에서는 한 번도 긍정적인 남성의 모델을 본 적인 없는 한 젊은이가 겪는 혼란을 다루고 있다. 주인공인 피터는 열아홉 살의 불안정한 청년이다. 그는 정신과 의사와의 면담에서 남자의 정체성에 대해 이해해 보려고 애쓰는 자신의 고민을 호소한다.

"남자가 되는 일은 무지 복잡한 거더라고요. 그냥 당연히 되는 거라고 생각했는데……. 잘 모르겠어요. 많이 생각해 봤지만 제 스스로가 남자라고 느끼지 못하는 것 같아요. 그래서 그것 때문에 아주 기분이 나빠요. 아주 엉망이라고요. 지금도 전혀 나아지지 않았어요.

그런데 냉정히 생각해 보면 남자답다는 게 뭔지도 모르겠어요. 남자답다는 게 무슨 의미인지. 대체 그게 무슨 의미인가요? 사람들은 주로 '뻐기며 다니거나 남들을 패는 건 남자답지 못한 일이다' 라는 식의 말만 해요.

만약에 아버지가 집을 나가지 않고 우리와 함께 사셨다면 그저 아버지를 보고 '아, 저런 것이 남자다운 거구나! 아, 그런 거구나!' 하고 자연스럽게 알았을 텐데……. 나한

테는 그저 막연한 관념일 뿐이에요. 그 문제에 대해 생각하다 보면 머리가 깨지는 것 같다니까요.

하지만 다른 남자 아이들은 그냥 저절로 아는 것 같아요. 아무 생각이 필요 없는 것 같아요. 어떤 때는 친구를 보면서, 아주 형편없는 애인데도 그 애가 부러운 거 있죠. 그 애는 남자가 뭔지 잘 아는 것 같아서 그냥 보기만 해도 부러워요.

그런데 문제는 말이죠. 어떤 게 남자다운 건지 제게 말해 준 사람들이 다 여자라는 거죠. 남자에 대해 아무것도 모르는 사람들 말이에요. 진짜 남자다운 사람은 거기에 대해 떠벌릴 필요가 없잖아요. 그런 점에서 여자들이 하는 말은 믿을 수가 없어요. 다 거짓말같아요.

대부분의 여자들은 남자는 부드럽고 사려 깊고 뭐 그래야 한다고 말하죠. 그렇지만 그들이 진짜 원하는 건 남자다운 남자라는 거죠. 남자다우면서도 친절한 사람이면 더욱 좋겠고, 만약 그렇지 않으면 차라리 거칠더라도 남자다운 사람을 원하죠. 아니면 아주 부드러운 사람과 살면서 평생을 남자다운 남자를 만나는 꿈이나 꾸면서 사는 거죠.

그러나 정작 여자들에게 진짜 남자다운 게 뭐냐고 물어보면 얼버무리면서 거짓말을 하죠. 왜냐하면 자기들도 잘 모르니까요! 남자들이 자연스럽게 터득하는 거를 여자들은 절대 알 수 없으니까요.”

오늘날 피터처럼 여자들 사이에서만 자란 청소년들은 자신의 남자로서의 정체성을 놓고 고민한다. 그런 환경에서 자란 남자 아이들에게서 다음의 두 가지 부작용이 나타날 수 있다.

첫째 가능성은, 자신을 여성과 동일시해서 여성화되는 것이다. 단순히 남자답지 못한 정도가 아니라 여성화된다. 여성화된 남성도 유명한 축구 선수나, 자동차 경주 선수가 될 수 있다. 단, 그들은 외형적으로는 남자 중의 남자로 보일지도 모르나 내면적으로는 수동적이며 우유부단한 여성에 더 가까운 성향을 가지고 있는 것이다. 그들은 자신을 지금까지 정신적으로 지도해왔던 수많은 여성들과 동일시하면서 인간관계에서도 아주 소심한 면을 드러낸다.

혹시 요즘 남자들은 여성이 먼저 전화를 걸어서 데이트 신청을 해주기를 기다린다는 사실을 알고 있는가? 그들은 위험에 도전하거나 새로운 일을 시작하려고 하지 않는다. 그저 자리에 편안하게 앉은 채 여성이 먼저 다가와서 보살펴주기를 기다린다. 결혼을 결정하는 데도 우유부단해서 결단을 쉽게 내리지 못한다. 아니 내리려고 하지를 않는다. 얼마나 결단력이 없는지 심지어는 어떤 식당에 갈지, 무슨 영화를 볼지 조차도 결정하지 못한다.

　　우리 집에서도 이런 수동적이고 우유부단한 여성의 성향을 늘 접할 수 있다. 아내와 내가 저녁 식사를 하러 외출을 준비한다.

　　"어디 가서 먹을까?" 하고 내가 아내에게 묻는다.

　　"아무데나요. 당신이 결정해요."

　　"그럼, 토니 로마스(Tony Roma's)는 어때?"

　　"싫어요. 거기 갈비는 너무 질겨요."

　　"그래? 그럼, 올리브 가든으로 가지."

　　"거긴 얼마 전에 갔었잖아요?"

　　"그럼 이번엔 중국 음식을 먹어볼까?"

　　"오늘은 중국 음식이 별로 안 당겨요."

　　그러면 내가 지쳐서 다시 아내에게 묻는다. "그럼 당신은 어디 가고 싶은데?"

　　아내는 역시 아까와 똑같은 대꾸를 한다. "난 상관없으니까 당신이 정해요."

　　여성화된 남자도 이런 경우에 결정을 내리지 못하고 힘들어한다.

　　로버트 블라이(Robert Bly)가 이른바 '부드러운 남자'라고 칭한 이 여성화된 남자들은 신념보다는 감정에 많이 치중한다. 그들은 별로 기분이 내키지 않는 일은 하려고 하지 않는다. 그러나 소년에서 성인으로 자라는 과정에서 배워야할 부분 가운데 하나는 바로 내키지 않는 일을 하는 것이다.

또 여성화 된 남자는 무슨 일을 하기 전에 다른 사람들의 동의를 구한다. 결정을 내리고 그에 따른 결과를 감당하는 것이 두렵기 때문이다. 그러면서 자신을 돌봐줄 수 있는 여성에게 자꾸 의존하고 모든 결정을 대신해서 내려줄 것을 원한다. 왜냐하면 지금까지 그렇게 성장해왔기 때문이다.

특히 여성화된 남자들의 안타까운 점 중의 또 하나는 결혼할 시기가 되면 자신의 엄마와 비슷한 여성을 택한다는 것이다. 엄마처럼 자신을 대신해서 모든 결정을 내려줄 강한 여성을 말이다. 물론 그의 아내도 처음에는 이를 아주 반가워한다. 그녀는 자신이 아주 섬세하고 감성적인 남자와 결혼한 것에 기뻐한다.

그러나 얼마 지나지 않아 집안의 모든 결정을 자신이 내려야 한다는 사실에 지쳐버린다. 이때 그녀가 남편을 밀어붙이면 붙일수록 남자는 더 수동적이 된다. 남편이 더 수동적이고 우유부단해지면 자연히 아내는 더욱 화가 나고 결국은 남편에 대한 존경심을 잃어버린다.

두 번째 가능성은, 여자들 사이에서만 자란 남자 아이들은 여성의 지도력에 반항하기 위해서 거칠고 공격적인 반응을 보인다는 것이다. 이러한 반항적인 성향은 지나치게 자기 주장이 강하고, 특히 자신의 남성적인 힘을 과시하는 것으로 나타난다.

그는 여성에게 조정받기를 원치 않고 자신이 스스로 다스리길 원한다. 그는 자신의 권위로 여성을 지배하려고 한다. 이런 사람은 여러 여성과의 사이에서 자녀를 낳고도 그들을 책임지려고 하지 않으며 육체적, 정서적으로 자녀를 학대하기도 한다.

에벌린 바소프(Evelyn Bassoff) 박사는 그의 책 《엄마와 아들 : 강하고 사랑할 줄 아는 남자로 키우는 법(Between Mothers and Sons : The Making of Vital and Loving Men)》에서 이에 대해 언급한 적이 있다.

"아버지가 없는 가정과 사회에서 자란 남자 아이들은 엄마에게서 독립하는 법을 배우지 못한다. 엄마에 대한 지나친 의존과 친밀성은 엄마, 더 나아가서 모든 여성을 향한 분노로 나타날 수 있다. 때로는 극도의 공격성을 띤 과다한 남성적 기질로 나타나기도 한다."

주위의 젊은 남성을 살펴보라. 당신이 아는 사람 중에도 이런 사람이 있을지 모른다. 혹시 위의 두 가지 타입에 속하거나 유사한 성향을 가진 사람들이 있는가? 요즘과 같이 아

버지가 부재한 사회에서는 그늘진 남자들이 점점 늘어나는
추세이다.


## 중단하지 마라

절대, 절대, 절대, 절대 포기하지 마라!

윈스턴 처칠(Winston Churchill)


아들 프랭크가 중학교 1학년일 때, 그 아이는 자신의 학교
에 있는 레슬링 팀에 들어가고 싶어 했다. 나 자신이 고등학
교 때까지 레슬링을 했기 때문에 나는 그것이 어떤 운동인지
너무나 잘 알고 있었다.

내 말을 오해하지 말기 바란다. 프랭크는 아주 괜찮은 아
이지만 뼈대가 그다지 좋은 편이 아니었다. 그는 무리한 운
동과 끊임없는 연습, 체중 관리, 쉴새 없이 바닥에 내동댕이
쳐지는 일 등 레슬링의 힘든 면을 다 들은 후에도 여전히 팀
에 들어가고 싶어 했다.

내가 아이들에게 강조하는 규칙 가운데 하나는 그들이
무엇을 시도하든지 간에 일정한 기간 동안, 최소한 한 학기

는 꾸준히 해야 한다는 것이었다. 결국 프랭크는 레슬링 팀에 들어갔다.

프랭크는 나이에 비해 몸무게가 많이 나가는 편이었다. 레슬링은 몸무게로 선수를 구별하기 때문에 그 애는 주로 자기보다 나이가 많은 선배들과 연습을 했다. 체격이 비슷해도 1학년과 3학년은 근육의 발달에서 엄청난 차이가 난다. 3학년 학생들은 대부분 이미 성장기를 거쳐 어른과 같이 근육이 발달되어 있었다.

학기가 시작한 지 2주가 지나자 프랭크는 레슬링을 그만두고 싶어 했다. 연습 도중에 선배들에게 밀려 다치기가 일쑤였기 때문이었다. 얻어맞고, 멍들어서 울며 집에 들어오는 날이 잦아졌다. "자꾸 다치기만 해. 이젠 얻어맞기 싫단 말이야!" 눈물이 가득한 아이의 눈을 쳐다보면서 지금 그만둘 수는 없다고 말하는 내 마음도 무척 아팠다.

그는 자신이 시작한 일을 끝까지 참고 완수함으로써 남자가 되어 가는 것이었다. 나는 여러 번 내가 잘하고 있는 것인지 하나님께 여쭤봤다. 이에 설상가상으로 아내가 나를 쳐다보는 눈이라니. 그럴 때마다 아내의 표정이 어떤 것인지는 당신도 잘 알고 있을 것이다. 그 표정은 마치, "당신이 지금 무슨 짓을 하는지 알기나 해요? 지금 당신이 망치고 있는 애는 바로 내 아들이라고요. 일이 잘못되기라도 했다간 가만있지 않을 거예요."

결론부터 말하자면 프랭크는 팀을 그만두지 않았다. 첫 번째 레슬링 경기에서 프랭크는 자기보다 덩치는 조금 크지만 비슷한 나이의 상대를 만났다. 첫 2라운드와 3라운드에서 프랭크는 마치 개의 입에 물린 장난감처럼 상대편 선수에게 잡혀 바닥에서 이리 저리 뒤집혔다.

프랭크의 주요 전략은 몸을 거북이 같이 마룻바닥에 착 달라 붙이고 있는 것이었다. 아마 연습 도중 자기보다 더 크고 힘센 선배들과 겨루면서 익힌 방어 기술인 듯했다. 살아 남는 것이 유일한 목적인 그런 기술이었다.

한데 3라운드 도중 갑자기 상대가 몸의 균형을 잃으면서 바닥에 등을 대며 넘어졌다. 이제까지 계속 프랭크를 매트에서 뒤집고 엎고 하느라 기운이 쭉 빠진 것이었다. 프랭크는 이를 믿지 못하겠다는 듯이 쳐다보더니 그의 위에 올라타고 내리 눌렀다. 순식간에 프랭크의 표정이 변했다. 경기에서 승리한 프랭크는 손을 공중에 높이 쳐들고 신이 나서 춤을 추며 링을 뱅뱅 돌았다.

관람석에 앉아 있던 나를 바라보는 프랭크의 표정은 그 동안의 힘겨운 노력과 고통의 보람을 잘 알고 있는 것이었다. 프랭크는 고통의 순간에도 이를 포기하지 않은 결과로써 승리를 얻은 것이다. 고통을 참고 이겼을 때의 승리는 달콤한 것 그 이상이었다. 마치 영혼을 시원케 하는 상쾌하고도 깨끗한 생수와도 같은 것이었다.

바로 다음 순간, 우리는 눈앞에서 괴물을 보고 있었다. 프랭크는 이후 일곱 명의 상대를 차례대로 전패시켰다. 그때 이후로 프랭크는 다시는 레슬링을 하지 않았다. 그러나 그 경험은 그의 평생에 잊지 못할 몇 가지 교훈을 가르쳐주었다. 바로 노력은 그 자체가 상급이라는 사실이다.

인내와 끈기는 반드시 열매를 맺으며, 시작한 일은 반드시 끝을 맺어야 한다. 남자들의 역할은 많은 경우에 난관을 극복하고 견디는 일을 요구한다. 어렸을 때 쉽게 포기하는 버릇은 아이들에게서 아주 소중한 능력을 앗아갈 수 있다. 여기서 엄마들이 꼭 알아야 할 점이 있다. 그건 어렸을 때 힘들다고 쉽게 포기하는 것을 허용 받은 아이들은 성인이 된 후 인생의 고난을 만났을 때에 아내와 아이들을 쉽게 저버린다는 사실이다. 이를 엘드리지는 아주 잘 표현했다.

"우리의 삶은 강한 남성, 극도로 헌신된 남성을 필요로 한다. 늘 부드러워야 한다고 교육받은 남자는 인생의 풍파를 지나면서 용기를 잃게 될 것이다. 특히 불투명한 인간관계를 만나면 더는 앞으로 나가지 못한 채 머뭇거리게 된다.”

내가 한 말을 오해하지 않길 바란다. 일단 시작하면 절대로 그만두게 해서는 안 된다는 뜻이 아니다. 다만 너무 사주하던 일을 중도에 그만두도록 허락한다면 그것이 평생에 걸친 버릇이 될 수 있다는 뜻이다.

오늘날 남자 아이들과 청년들은 너무나 쉽게 뭐든지 그만둔다. 끈기는 군대에서 젊은이들에게 가르치는 중요한 덕목 가운데 하나이다. 신참 훈련 때만이 아니라 모든 기간에 걸쳐 훈련이 아무리 고되더라도 일단 군인이 되면 중도에 그만둘 수가 없다.

포기하는 습관이 몸에 밴 사람이 위대한 일을 이루기란 불가능하다. 위대한 일을 이루기 위해 힘써 노력하도록 아이들을 격려하라. 앞으로 나아갈 수 있는 꿈을 심어주어라.

남자 아이들은 꿈이 있어야 한다. 꿈은 그들에게 희망을 준다. 위대한 일을 이룩한 선진들의 발자취를 쫓아 언젠가 자신도 그 대열에 함께 서게 된다는 희망을……

# 성을 주제로 솔직한 대화를 나누어라

우리가 흔히 "정욕에 찬 한 남성이 길거리를 배회하면서 여인을 찾는다"라고 말하는 것은 아주 불행한 일이 아닐 수 없다. 정확하게 말하자면 그가 원하는 것은 여인이 아니다. 여인은 단지 그가 원하는 욕구를 채울 수 있는 도구가 될 뿐이다. 욕구가 채워지고 난 몇 분 후에도 그가 이전과 똑같은 태도로 여인을 대하는가를 보면 이를 금방 알 수 있다. 담배를 다 피운 후에 꽁초를 보관하는 사람을 보았는가?

*C. S. 루이스(C. S. Lewis), 《네 종류의 사랑(Four Loves)》*

## 남자들의 성

인생의 다른 모든 문제에서와 마찬가지로 남자와 여자는 성에 관해서도 시각이 아주 다르다. 하나님께서는 남자와 여

자 모두를 성적인 존재로 만드셨지만 아주 틀리게 창조하셨
다. 앞에서 테스토스테론 호르몬이 남자에게 육체적, 심리적
으로 미치는 영향을 언급했던 것을 기억해 보면 왜, 그리고
어떻게 이러한 차이들이 나타나는지 이해할 수 있을 것이다.

처음에는 내가 지금 말하려고 하는 것이 충격적이고 어
쩌면 혐오스러울 수도 있겠지만 남자들은 하나님이 창조할
때부터 그렇게 고안되었다는 사실을 기억하기 바란다. 날마
다 정욕과 씨름하는 남자 아이들과 어른들을 동정과 긍휼,
이해의 눈길로 보아주기 바란다. 특별히 그들의 성적인 욕망
을 하나님이 제한하신 경계 안에서만 사용하기로 결단한 남
자들에게는 더더욱 그렇다.

남자들이 속으로 무슨 생각을 하는지 여성들이 알게 된
다면 그들(초기 사춘기의 남자 아이들을 포함한 모든 남자)
과 한방에 있는 일조차 꺼려할지도 모른다는 가능성을 각오
하지 않고는 이러한 주제를 거론하는 것이 불가능하다. 아마
남자들을 모두 변태라고 생각할지도 모른다.

남자들은 모든 순간 성에 대해 생각한다. 심지어 교회나
장례식 같은 부적절한 장소에서도 성을 떠올린다. 여자의 웃
음소리, 날씬한 다리 곡선, 신발 모양, 향수, 그 밖에 수천 가
지 다른 냄새, 모양, 소리와 같은 아주 사소하고 순진한 것으

로도 남자들은 흥분한다. 사춘기에 호르몬의 분비가 급성장할 때는 이런 자극들에 훨씬 더 민감하다.

남자들은 때때로 아무런 자극이나 이유 없이 흥분하기도 한다. 그저 자신의 신체적인 기능만 가지고도 충분히 흥분할 수 있다. 스티븐 아르터번(Stephen Arterburn)과 프레드 스토커(Fred Stoeker)는 《모든 남자의 투쟁(Every Man's Battle)》에서 다음과 같은 예리한 관찰을 했다(보는 관점에 따라서 아주 거슬릴 수도 있겠다).

"모든 남성들은 그들의 정자 생산과 또 그 밖의 신체 기능으로 인해서 일반적으로 매 48시간에서 72시간에 한 번씩 성관계를 갈망한다. 이는 이틀이나 사흘에 한 번씩을 의미한다"(나는 이 통계를 가지고 아내를 설득하려고 해보았지만 아내는 내가 지어낸 이야기가 아니냐며 의심했다).

케빈 르만(Kevin Leman) 박사는 《당신의 인생에 등장한 남자들을 이해하기(Making Sense of the Men in Your Life)》에서 남자들에 대해 이렇게 진술했다.

"여자들은 내가 남자는 육체적인 존재라고 말할 때의 의미를 전혀 이해하지 못한다. 남자들은 육체적인 것에 끌리게 되어 있다. 당신에게 충격을 주려고 하는 말이 아니다.

단지 종종 간과되기 쉬운 진리에 당신의 눈을 뜨이게 해주려는 것뿐이다. 당신이 가장 존경하고 신뢰하는 남성을 마음속에 떠올려 보라. 친척 중에서 말고.

그 사람을 지금 머릿속에 그리고 있는가? 좋다, 그럼 이제 당신이 어떤 공식적인 자리에서 그 사람과 만나는 장면을 한번 상상해 보라. 5분의 1초 안에 그 사람은 당신의 머리부터 발끝까지 그리고 그 사이의 중요한 모든 부분을 다 훑어 봤을 것이다.”

“그 사람은 그냥 친구야”라거나 “그 사람은 나한테 그런 식으로 관심이 있는 게 아니야”라고 여자들은 항상 말한다. 그러나 미안하지만 그것은 신화에 불과할 뿐 절대 사실이 아니다. 정도의 차이가 있을 뿐 성은 남자들의 모든 인간관계 속에 깊이 스며들어 있다.

어떤 남성이 한 여성과 그저 친구일 뿐 그녀에게 성적인 호감이 전혀 없다고 말한다면 그는 가슴속 깊이 자신이 거짓말을 하고 있다는 사실을 알 것이다. 게다가 남자들 사이에서는 옆에서 지켜만 보아도 그가 거짓말을 하는 중이라고 분명히 말할 수 있다.

선한 남성은 자신의 아내가 아닌 다른 여성을 향한 감정과 충동을 자제한다. 그렇다고 그런 감정과 충동이 없는 것은 아니다. 당신의 친구로 자처하면서 무슨 일이든지 나서서 도와주려고 하는 남성이 있다면, 그가 무슨 말로 부인하든지 간에 상관없이 당신에게 성적으로 호감이 있는 것이다. 남자들은 자신의 이익이 걸려 있지 않은 일에는 그다지 관심이 없는 존재이기 때문이다.

남자들이 성에 대해서 어떻게 생각하는가가 당신에게 그다지 놀랄만한 뉴스가 아닐 수도 있다. 그러나 일상 생활에 미치는 영향이 얼마나 심한가를 알게 되면 당신도 놀라지 않을 수 없을 것이다. 심지어 어린 아이들도 성에 집착한다. 내가 여덟 살 때, 나는 틈만 나면 옆집 여자 아이와 우리 집 현관 아래서 의사놀이를 했다.

남자는 평균 하루에 서른세 번, 혹은 한 시간에 두 번씩 성에 대해서 생각한다는 조사 결과가 있다. 어떤 이들은 여자는 하루에 단지 한 번 정도, 그것도 남성이 요구했을 때만 성에 대해 생각한다고 말한다. 그토록 많은 시간과 에너지를 성에 소모하는 것이 남성들에게 얼마나 피곤한 일이겠는가.

성적인 욕구가 항상 남자들의 마음 표면에 드러나지 않을 수도 있다. 그렇다 하더라도 이는 분명히 마음속 어딘가에 숨어서 언제든지 행동을 개시할 기회만 엿보고 있는 것이다. 성욕은 끊임없는 투쟁이기 때문에 성적으로 정결하게 살려고 다짐한 남성들은 엄청난 전쟁을 치르게 된다.

대부분의 여성들은 이 전쟁이 얼마나 치열한지 이해하지 못한다. 그 대표적인 이유는 여자는 남자처럼 시각적인 것에 자극되지 않기 때문이다. 여자들은 육체적인 접촉과 친밀한 교제를 통해 자극을 받는다. 반면 남자는 여성의 몸이나 그 일부분을 흘긋 본 것만으로도 충분히 즉각 흥분이 된다. 여성들이 옷차림에 각별히 신경을 써야하는 이유도 이 때문이다.

남자들이 얼마나 심각하게 자신의 성욕과 투쟁하는지 그 정도를 이해하는 여성이라면 이러한 남성의 성적 특성을 혐오하기 보다는 동정적인 시각으로 바라보게 될 것이다.

여자는 일생 동안 약 300회에 걸쳐 임신 가능한 시기를 맞이한다. 이 배란기가 되면 호르몬의 분비가 증가되고 이에 대한 생리적인 반응으로 짝을 찾게 된다. 이 시기에 여성은 성에 대한 관심이 증폭되는 것을 볼 수 있다. 사춘기 남자 아이들이 하루에도 일곱, 여덟 번씩 이런 호르몬의 과다 분비를 경험한다고 상상해 보라. 그러면 그들이 겪는 성적 충동과의 투쟁을 조금은 이해할 수 있을 것이다.

이제 자녀들이 겪는 어려움을 어렴풋이 이해했으니 단순히 아는 것을 넘어서 어떻게 하면 이런 투쟁에 생산적인 방법으로 대처할 수 있도록 자녀를 도울 방법을 생각해 보자.

아이에서 성인으로 자라는 사이에 만나는 난관들을 점검해 보자.

## 성교육

많은 부모들이 자녀의 성교육을 전적으로 학교에 맡긴다. 아마도 성을 주제로 자녀와 대화하는 것이 불편하기 때문이다. 아들과 성에 대해서 이야기하는 것을 좋아하는 엄마는 거의 한 사람도 없을 것이다. 그러나 사춘기가 되기 전에 일찍부터 성을 놓고 자연스러운 대화를 시작한다면, 엄마야말로 아들에게 성교육을 시키기에 가장 적합한 사람이다.

《아빠는 어떻게 다른가?(What a Difference a Daddy Makes)》에서 케빈 르만 (Kevin Leman)박사는 딸에겐 아버지가, 아들에겐 엄마가 가장 우선적인 성교육자여야 한다고 말한다.

"같은 남자보다 남자에 대해 더 잘 아는 사람이 누가 있을까? 마찬가지로 성에 대한 여성의 관점을 아들에게 보다 더 잘 설명할 수 있는 사람이 누가 있을까? 조이는 아직 어린

데도 남근을 갖고 있는 것이 어떤 기분인지 알고 있다. 그가 알지 못하는 것은, 아니 정말 알고 싶어 하는 것은 커다란 가슴을 가진 기분이 어떤지, 여자애들은 어떤 남자애들을 좋아하는지, 또 바보스럽게 보이지 않으면서 여자애들과 잘 어울리는 방법은 무엇인지…… 그런 것들이다."

남자 아이들이 성에 관한 어떤 부분에서는 남자 어른과 상의하는 편이 더 적절한 것은 사실이다. 그러나 엄마도 아들의 성을 건전하게 개발하는 데 굉장히 중요한 역할을 할 수 있다. 특히 아들이 자라면서 다른 젊은 여성에게 관심을 보이며 사귀려고 할 때 큰 도움을 줄 수 있다. 남자에게 여자는 신비한 존재이다. 여자들이 어떻게 생각하고, 느끼고, 행동하는지를 안다면 아들은 그녀들과 교제할 때 훨씬 더 자신감 있고 편안한 사람이 될 것이다.

당신이 너무도 당연하게 생각하는 사실이 아들에게는 전혀 새로운 사실일 수도 있다. 예를 들면 여자들은 남자들이 자신의 가슴을 움켜쥐는 것을 기분 나쁘게 생각할 뿐 아니라 그런 행동을 하는 남자를 싫어한다는 사실이다. 남자들은 그런 사실을 말해주지 않으면 알지 못한다. 또 어떤 나이의 여자애들은 굉장히 예민해진다는 사실을 남자 아이들이 이해

한다면 상처가 되는 말을 함부로 내뱉지는 않을 것이다.

당신이 젊은 시절에 경험한 것들을 주저하지 말고 나누어라. 여러 가지 상황에서 당신이 어떻게 느꼈는지, 또 다르게 행동했으면 좋았을 것 같은 경험들을 말해주어라. 진정으로 아들의 인생의 변화를 가져오고자 한다면 그런 주제의 이야기들을 나누는 데 시간을 투자해야 한다.

르만 박사는 또 당신의 아들이 원하는 것은 저 아랫집에 있는 열여섯 살짜리 샐리가 아니라 당신에게서 여자 사귀는 법을 배우는 것이라면 이런 질문을 자기 자신에게 해봐라. '나는 샐리처럼 많은 시간을 아들과 함께 보낼 용의가 있는가?'

실제적으로 도움이 될 만한 조언을 해주어라. 남자 애들은 무슨 말로 데이트 신청을 해야 하는지, 또 함께 있을 때 어떻게 행동해야 하는지 잘 모른다. 식탁 예절을 가르치고, 젊은 여자들이 반할만한 성품들이 어떤 것인지 말해주어라. 그리고 마지막으로 불편하겠지만 성적인 부분에서도 대화의 문을 열어 놓으라.

자녀가 어릴 때부터 성을 주제로 대화를 나누기 시작하는 것이 바람직하다. 사실 그대로 솔직하게 이야기하라. 아이가 성에 대해 물어볼 때까지 기다리지 말라. 자녀의 질문에 직접적이고도 정직하게 대답하라. 돌려서 부르지 말고 직접, '남근'이나 '질' 등 이름을 정확하게 말하라. 대화할 때에는 아들 나이에 적당한 책이나 영화, 혹은 텔레비전 프로를 예로 들어서 적절하게 사용하라. 자녀의 프라이버시를 존중하고, 자녀에게도 다른 사람의 프라이버시를 존중하도록 가르쳐라. 자녀가 성에 대해 질문할 때 피하거나 무시하지 말라. 반복해서 설명하라.

| 나이 | 주제 |
| --- | --- |
| 유치원 | 자신의 성기를 가지고 장난칠 때 야단치지 말 것.<br>몸에서 은밀한 부분들과 프라이버시가 무엇인지 설명할 것.<br>남자와 여자의 차이를 설명해 줄 것. |
| 초등학교 | 임신과 출산에 관해 나이에 맞는 일반적인 용어로 설명할 것.<br>여자 아이들에게는 사춘기에 접어들기 전에 생리에 대해 설명할 것.<br>비교적 어릴 때 남자 아이들에게 자위행위에 대해<br>쉬운 말로 설명할 것. |
| 사춘기 | 책임과 자기 조절에 관해 가르칠 것.<br>성은 단순한 성관계 자체가 아니라는 사실을 가르칠 것.<br>성적인 관계는 중대한 결과를 가져온다는 사실을 가르칠 것.<br>결혼 전에는 성관계를 거부해도 무방하다는 점을 가르칠 것.<br>사랑하는 사이에서 성이 가장 중요한 부분이 아니라는<br>사실을 가르칠 것. |

## 포르노

나는 항상 엄마들에게 아들을 과잉보호하지 말라고 말한다. 그러나 단 한 가지 예외가 있는데 바로 포르노이다. 포르노에서만큼은 아들을 절대로 보호해야만 한다. 포르노는 오늘날의 젊은이들과 남성들을 공격하는 가장 파괴적인 힘이다. 무엇보다 남자의 시각적인 본능 때문에 더욱 피하기가 힘들다.

여러 연구들을 통해서 밝혀진 바에 따르면 포르노는 남자들의 뇌에서 코카인이 자극하는 곳과 똑같은 지점을 자극하며 코카인과 동일한 중독성이 있다고 한다. 포르노는 특정 호르몬의 분비를 자극하게 되는데, 이 호르몬은 마치 사진을 현상할 때처럼 머릿속에서 그림이 스치면서 새겨진다. 그러면서 더 많은 자극을 지속적으로 원하게 만든다.

이런 이미지들은 남자들의 머릿속에 평생 남아 불공평하고 비현실적인 비교를 하게 만들기 때문에 그들은 보통 여자들에게는 민감하게 반응할 수 없게 된다. 실제 어떤 여성이라도 화장과 머리 손질, 그리고 사진작가의 기술로 만들어진 사진 속의 여자와 겨룰 수는 없다.

내가 자랄 때는 친구 아버지의 책상에서 훔친 〈플레이보이(Playboy)〉 잡지를 뒤적이는 것이 유일하게 포르노를 접할 수 있는 방법이었다. 그러나 요즘의 기준으로 보면 〈플레이보이〉는 아주 약과다. 지금 텔레비전에 나오는 프로들은 1960년대 중반의 〈플레이보이〉에 나온 사진보다 훨씬 더 생생하게 보인다.

남자 아이들과 성인들에게 생생한 성적인 이미지의 끊임없는 폭탄 공격을 가하고 있다. 어디를 가나 고개만 돌리면 성적인 이미지들이 얼굴로 바싹 들이민다. 속옷 상표인 '빅토리아의 비밀' 광고에서부터 시작해서 인터넷상의 무제한적인 스팸 광고나 메일들이 눈을 뜨는 순간부터 잠 잘 때까지 당신의 아들 주위를 떠나지 않는다.

심지어 신문이나 거리에 나붙은 백화점 광고까지도 너무나 자극적인 것들이다. 성적인 이미지를 이용한 상품들이 불티나게 잘 팔리는 것을 이용해 회사들이 어떻게든 돈을 벌어들이려고 그 한계를 넘어서고 있다. 젊은이들이 성에 중독되든 말든 아무런 상관도 없다는 식이다.

실제로 포르노는 여성의 지위를 격하시킨다. 보는 사람과 보여주는 사람 모두가 포르노의 희생물이다. 이 덕분에 이득을 보는 사람은 오직 포르노를 제작해서 파는 사람들뿐이다. 이는 여성을 놀이 기구로 취급하고, 사거나 팔 수 있는 소유물로 여기도록 만든다. 또 사용자로 하여금 여성들이 강간과 고문 그리고 모욕을 즐기는 줄로 착각하게 만든다.

또한 포르노는 남자들의 성적 만족감을 감소시킨다. 그리고 정도의 차이는 있겠지만 생활의 여러 부분에서 불만족을 낳게 만든다. 포르노를 즐기는 사람들은 갈수록 더 심한 자극을 요구한다. 점점 더 저질스럽고, 더 생생하고 뚜렷한 이미지를 찾아 헤맨다.

나는 아들 프랭크와 그 친구들에게 여러 번에 걸쳐 포르노의 위험성을 강조하면서 아이들이 올바른 관점에서 이를 바라볼 수 있도록 설명했다. 포르노 사진이나 영화에 나오는 여자들은 누군가의 딸이나 여동생이다. 언젠가는 누군가의 엄마가 될 여성들이다. 자신이 포르노에 나오는 여성들을 두고 상상하는 것처럼 다른 남자들이 자신의 누나나 엄마에게 한다면 어떻겠는가?

게다가 이런 것들을 보는 남자들은 자기 절제나 조절 능력을 잃게 된다. 한 영역에서 자기 조절 능력을 잃으면 다른 영역에서도 마찬가지로 자제력을 잃게 된다. 어릴 적에 성적인 욕구를 통제할 줄 알게 되면 성인이 된 후에도 건강한 성생활을 할 수 있는 능력이 키워지며, 그 밖의 삶의 다른 영역에서도 자제할 수 있게 된다.

마지막으로 포르노는 지속적인 간음을 범한다는 의미에서 남성이 결혼식 때 했던 선서를 파기하는 것이다. 미혼의 남성도 마찬가지이다. 예수님은 마태복음 5장 28절에서 "음욕을 품고 여자를 보는 자마다 마음에 이미 간음하였느니라"고 말씀하셨다. 포르노는 엄연한 죄악으로 우리와 하나님과의 관계를 파괴한다. 그러나 복음은 주님의 은혜로 죄 사함과 용서를 얻는다고 선포한다.

당신의 자녀는 원하기만 하면 밤이든 낮이든 포르노를 접할 수 있다. 당신이 절대 상상할 수 없는 수준의 사진들이 어디에나 잔뜩 널려있다. 그러니 자녀가 컴퓨터와 텔레비전을 어떻게 사용하는지 세밀하게 감시해야 한다.

컴퓨터에 인터넷 보호 프로그램을 깔고, 아이들이 보면 안 되는 채널의 수신을 막을 수 있는 장치를 설치하도록 하라. '내 아들은 절대 저런 지저분한 프로는 보지 않을 거야'라고 생각하지 마라. 미안하지만 엄마들이여, 그것은 사실이 아니다. 아주 어린 나이에도 보기 시작할 수 있다. 일단 포르노를 한 번 보기 시작하면 자기도 모르게 어쩔 수 없이 빨려들게 된다.

당신의 아들이 이런 남성 사회의 병폐로부터 보호받을 수 있도록 도움을 주어야 한다. 이 점만큼은 아무리 조심해

 * 하나님의 소리로 아들을 위대하게 키우는 법

도 절대 지나치지 않는다.


## 자위행위


　여성들 앞에서 가장 꺼내기 어려운 주제가 바로 이 자위행위이다. 솔직히 말해서 글로 쓰는 것조차도 아주 불편한 주제이다. 그럼에도 꼭 집고 넘어가야 할 중요한 주제이다.

　그래서 나는 세미나 도중에도 창피함을 무릅쓰고 자위행위에 관한 내용을 다룬다. 놀랍게도 세미나에 참석한 대다수의 여성들이 지금까지 터부시 되었던 이 주제에 관심을 보이고, 또 이에 관한 남성들의 관점을 알고 싶어 했다.

　많은 엄마들이 아들의 성 문제를 다룰 때 불편해 하는 것은 당연한 사실이다. 그리고 또 많은 여성들이, 아니 거의 대부분이 자위행위에 관해 이야기하는 것에 강한 반감을 보인다. 엄마들은 이런 일에 부딪히면 질겁하고 피한다.

　중년의 나이에 접어든 사람들이라면 누구나 "자라면서 자위행위를 하는 사람은 눈이 멀거나 손바닥에 털이 난다"는 경고를 들은 기억이 있을 것이다. 아직도 많은 사람들의 무의식 가운데에는 이런 청교도적인 사고가 자리 잡고 있다.

사춘기 남자 아이들이 잦은 자위행위를 하는 것은 아주 정상적이다. 한 연구 결과에 따르면 98퍼센트의 남자 아이들이 자위행위를 하며 나머지 2퍼센트는 거짓말로 대답한다고 한다. 이는 오래된 이야기지만 여전히 사실이다.

실제로 모든 젊은 남성들은 자신의 몸을 스스로 비비거나 만지기를 좋아한다. 그들에게 남근은 아주 중요한 삶의 일부분이다. 이는 극도의 행복감을 줄 수 있는 동시에 세게 얻어맞기라도 하면 굉장한 고통이 따른다. 남성들은 화장실을 가거나 목욕을 할 때마다 이를 만지게 된다.

르만 박사의 말을 빌려 보자.

"남근은 모든 남자 아이들이 소유하며, 쳐다보고 또 하루에 몇 번씩 가지고 노는 친구와도 같으며, 어딜 가나 항상 그 자리에 있다."

한발 더 나가서 말하자면 사춘기 남자 아이들에게 자위행위를 자제하는 것은 사실상 불가능하다. 아무리 도덕적인 가정에서 엄격하게 자라나 강한 의지로 노력한다 해도 최소한 정기적인 자위행위를 피할 수는 없다. 솔직히 이런 행위는 억제하면 할수록 할 가능성이 더 많아진다. 그 이유는 바로 억누르면 억누를수록 그 생각에 더 사로잡히기 때문이다.

자위행위는 항상 은밀하게 이루어지는 것이기 때문에 이

런 자연스러운 행동을 지나치게 부정적으로 인식하게 되면 건강하지 못한 죄의식에 빠지게 되며, 결국은 평생에 걸쳐 성을 부정적으로 생각하게 될 수도 있다. 자녀가 그 일로 죄의식에 빠지지 않게 하면서 동시에 자기 절제가 얼마나 중요한지를 가르치는 일이 가장 시급하다.

젊은 남성의 자위행위는 절대 놀림감이나 문제로 삼아선 안 된다. 내 친구 중 한 명은 20년이 지난 지금도 엄마가 자기 친구들(남자와 여자가 섞여 있는) 앞에서 지난 이야기를 할 때마다 비참한 기분이 든다고 한다.

이 경우는 엄마가 "더 이상 침대 시트에 묻은 얼룩을 빨지 않아도 된다는 사실이 너무나 반가웠다"는 말을 아들 친구들 앞에서 공공연하게 함으로써 지금까지도 벗어나지 못하는 아주 건강하지 못한 성적 유산을 아들에게 남겨준 결과가 되어버린 것이다.

사춘기 남자 아이들의 성 문제를 다룰 때에 종종 거론되는 주제 중의 또 하나는 바로 '몽정'이다. 어떤 성적인 이미지가 꿈에서 나타날 때 수면 도중에 자기도 모르게 사정을 하는 것이다.

이러한 꿈들은 억눌려 있는 성적인 욕망을 표출하는 통로와 같은 역할을 하는데 이런 경험을 처음 한 남자 아이는 굉장히 당황하거나 놀랄 수 있다. 게다가 처음 한두 번은 피가 섞여 나올 수도 있다. 이럴 때 전혀 준비가 되지 않은 아이는 겁을 내기도 한다.

남자 아이들의 성적인 발전 단계에 대해 잘 이해하고 있는 현명한 엄마들은 이런 일이 생겨도 당황하지 않고 자라나는 과정에서 일어나는 자연스러운 일이라고 자녀에게 설명해 주면서 침착하게 대처한다.


## 데이트


그러면 남자 아이들은 몇 살에 데이트를 시작하는 것이 적당한가? 이에 관해서는 벌써 많은 현명한 저자들의 책들이 나와 있다. 그러나 이 시기에 관한 문제는 자녀의 성숙도와 책임감에 따라 각 가정에서 주관적으로 결정해야 할 사항이라고 생각한다.

아들 프랭크는 자신의 십대 남녀 친구들 몇 명과 함께 조슈아 해리스(Joshua Harris)의 탁월한 저서 《데이트여 안녕(I Kissed Dating Goodbye)》을 읽었다. 이 책을 읽은 아이들은 적어도 고등학교 때까지 혹은 그보다 더 뒤로 데이트하는 것을 미루기로 결심한다. 하지만 이 이야기를 들은 내 딸 켈시(Kelsey)는  프랭크처럼 세뇌당할 것이 두려워서 책 읽기를 거부했다.

켈시가 고등학교에 들어가기 직전 여름에 나와 그 애는 단둘이 자동차로 주말여행을 할 기회가 있었다. 대화의 주제는 자연히 고등학교에 관한 이야기로 흘러갔고, 그 기회를 틈타 나는 그동안 하지 못했던 여러 가지 말들을 했다. 십대의 남자 아이들은 어떤 생각을 하고, 또 무엇을 진짜 원하는지 그런 것들에 대해서 말이다.

물론 켈시가 전혀 듣고 싶어 하지 않는 것들이었지만 자동차로 워싱턴 동부까지 가는 동안만큼은 어쩔 수 없이 들어야만 했다. 덕분에 우리는 켈시가 고등학교에 들어가면 지켜야 할 기본적인 원칙들에 관해서 합의를 할 수 있었다.

그중의 하나가 1학년 때에는 남학생과 데이트를 하지 않는다는 것이었다. 조그만 기독교 사립학교를 나온 켈시에게는 공립학교에 적응하는 데 시간이 필요했다.

지난 한 해 동안 켈시는 별다른 불평이나 저항없이 이 약속을 잘 지켜주었다. 남학생들이 집적거릴 때마다 아버지 핑계를 대면서 거절하는 것이 어쩌면 아주 편리했으리란 생각이 든다. 그 기간 동안 켈시는 한 사람에게 얽매이지 않고 여러 남학생들의 행동과 생각을 관찰할 수 있었다.

이번 해부터 켈시는 그룹이나 두 명씩 함께하는 데이트를 조금씩 시작할 것이다. 이것 또한 켈시에게 난생 처음 딩하는 난처한 입장에 혼자 놓일 위험 없이 유익한 경험을 하게 해 줄 것이다.

우리가 약속한 또 한 가지, 켈시는 남자 아이들에게서 오는 전화를 받을 수는 있지만 자기가 먼저 남학생에게 전화를 걸지는 않기로 했다. 남자 아이들은 이성과 교제할 때 소극적인 태도가 아닌 주도권을 잡는 법을 배워야만 하기 때문이다.

마지막으로, 고등학교 2학년이 되기 전에는 고3 남학생과 데이트를 할 수 없도록 규칙을 정했다. 내 경험에 따르면 그 나이쯤 된 남학생들은 벌써 여자를 다루는 솜씨가 아주 노련해서 어리고 경험이 없는 여학생들이 감당하기에는 무리였다. 학교에 입학한 직후 몇몇 여학생 선배들도 켈시에게 3학년 남학생들을 조심하라는 경고를 했다. 그들은 종종 아무것도 모르는 순진한 1학년 여학생들을 성적인 장난감으로 노린다는 것이다.

프랭크와 그의 친구들은 데이트를 좀더 조심스럽게 발전시키기로 마음을 먹었다. 교회 청소년부에 속한 남학생들과 여학생들도 여러 가지 행사에 함께 참여하면서 이성 간의 차이점들을 관찰하고 자연스럽게 교제로 발전할 수 있는 기회를 마련하기로 했다. 이럴 경우 역시 개별적으로 데이트를 한다는 부담에서 벗어나게 된다.

여러 연구에서 분명하게 밝혀진 결과에 따르면 십대 청소년들이 데이트하는 시기를 늦추면 늦출수록 혼전 순결을 지킬 확률이 높아진다는 것이다. 십대에 부모가 되는 청소년들을 통해서 보면, 그들은 아직 부모가 되기에는 너무 어리다는 것이 분명한 사실이다.

또한 사람들은 무슨 일을 하든지 시간이 갈수록 점점 더 커다란 만족감을 얻길 원한다. 특별히 성이나 약물과 같은 육체적인 경험에 있어서는 더더욱 그렇다. 처음에는 키스로 시작하지만 그 다음에는 점점 더 깊이 들어가게 된다. 그렇게 해서 하나씩 장벽이 무너지기 시작하면 다음 번에는 도덕적인 가책을 느끼지도 못하게 된다.

어떤 엄마들은 열두 살짜리 딸이 데이트 하는 모습을 보며 그냥 귀엽다고만 생각한다. 그렇지만 열두 살에 데이트를 시작하고 키스를 하게 되면 열네 살, 열다섯 살 그리고 열여섯 살이 되면 어디까지 가게 될까?

힘겨운 선택의 순간이 오기 전에 자기 행동의 경계를 결정해야 할 필요가 있다고 아들에게 말해주어라. 경계를 미리 안다면 전투 중 가장 어려운 결정을 내려야만 하는 순간에도 훨씬 수월하게 승리할 수 있다. 다시 강조하자면 중요한 문제들을 미리 결정해 놓으면 이후에 힘든 선택을 해야 하는 곤란을 겪지 않을 것이다.

제임스 도브슨(James Dobson) 박사는 청소년을 위한 그의 명저 《사춘기를 기대하며(Preparing for Adolescence)》에서 이러한 결단의 중요성을 강조하면서 서로 의지할 수 있는 친구들의 모임에서도 이런 결단을 더욱 견고히 하는 것이 필요하다고 말했다.

예를 들어 당신의 아들이 결혼 전까지 성적 순결을 지키려고 결단했다면, 그는 자신과 생각을 함께하는 친구들의 모임에서 이를 공개하고 함께 서약을 해야 한다. 그럼으로써 서로 의지하고 격려하는 친구들이 생기고 그중의 한 명이라도 이 약속을 어길 수 있는 상황에 놓이면, 다른 친구에게 도움을 청할 수 있기 때문이다.

십대의 딸을 둔 내 친구들은 딸이 데이트할 상대 남학생을 항상 본인이 직접 만나 대화를 한다고 한다. 데니스 레이니(Dennis Rainey)는 아래와 같이 자신의 경험을 말했다.

"드디어 큰딸 애쉴리(Ashely)가 열여섯 살이 되어 데이트를 할 나이가 되었다. 나는 딸에게 데이트를 신청하는 남학생을 먼저 만나보겠다고 선언했다.

아직도 딸의 첫 번째 데이트 상대였던 케빈(Kevin)을 만났던 날이 기억난다. 케빈은 모터사이클을 타고 내 사무실로 찾아왔다. 나는 분위기를 부드럽게 하려고 그에게 음료수를 주면서 이런저런 얘기를 시작했다. 그러고는 그의 눈을 들여다보면서 진지하게 물었다.

'케빈, 나도 한때는 십대였고, 열여덟 살 먹은 젊은이가 얼마나 성에 관심이 많은지도 잘 기억하고 있네.'

그는 눈을 점점 크게 뜨면서 내가 하는 이야기를 심각하게 듣고 있었다.

'난 자네가 내 딸을 하나님의 고귀한 창조물로 존경과 품위를 가지고 대해 주길 바라네. 자네가 내 딸과 한 번을 만나건 백 번을 만나건 상관없이 자네의 눈을 들여다보면서 내 딸을 존경과 품위를 가지고 대하고 있는지 물어볼 수 있기를 바라네. 특별히 육체적인 부분에서 말이야. 하나님께서 그 애를 다른 사람의 아내로 예정하셨을지도 모르거든. 그러니 자네는 이 만남이 순결하게 유지되도록 매우 조심하는 게 좋을 거야.'

집으로 돌아가면서 나는 혹시 내가 너무 지나치게 강압적이지는 않았는지 걱정이 됐다. 그러나 저녁 식사 때 가족들과 낮에 일어난 일을 얘기하면서 그 걱정이 완전히 사라졌다.

애쉴리는 내가 케빈에게 그런 말을 해줘서 고맙다고 했다. 그런데 그 이야기를 진짜 심각하게 받아들인 사람은 그 당시 열네 살이었던 아들 벤쟈민(Benjamin)이었다.

'아버지, 나도 이 다음에 데이트 할 여자를 아버지가 먼저 만나면 좋겠어요. 그럼 내가 상대를 제대로 골랐다는 걸 알 수 있잖아요!'

내가 케빈을 만났던 이유는 하나님께서 우리 부부에게 자녀를 맡기실 때에는 순결한 삶을 살 수 있도록 그들을 보호하라는 목적이 있었다고 믿기 때문이었다. 즉 부모들에게는 우리의 자녀들을 악에서 보호할 책임이 있기 때문이다."


남자와 여자 아이들은 성숙하는 정도에서 현저한 차이를 보인다. 수년 전에 중학교반에서 강의를 한 적이 있었다. 그때 나는 일 년 동안 일주일에 한 시간씩 중학생들을 가르쳤다. 그 가운데에는 이미 스무 살이라 해도 손색없을 만큼 신체 발육이 다 된 여학생들이 많았다.

그러나 대부분의 남자 아이들은 키가 겨우 여학생들의 가슴에 닿을 정도였고 나이도 열 살 정도로밖에 안 보였다. 여학생들이 언제부터 이렇게 빨리 성장하기 시작했는가. 내가 고등학교에 다니던 시절에 아주 체격이 좋다고 생각했던 여학생들도 지금 앨범을 찾아보면 요즘 아이들에 비해 아주 왜소해서 초등학생으로밖에 보이지 않았다.

또한 나는 이런 조숙한 여학생들이 자기 코밖에 오지 않는 미숙한 남자 아이들과 어울려 남자 애들이 전혀 이해하지 못하는 연애 놀이를 하면서 노는 것을 목격했다. 아내가 일하는 고등학교에서는 여학생들이 자기보다 훨씬 더 작은 남학생들에게 키스를 하는 장면을 종종 본다고 한다.

그런 광경은 마치 성숙한 여자가 애완동물과 함께 있는 것처럼 보였다. 그러면 남학생은 질린 표정을 하면서 어쩔 수 없이 말려들었음을 깨닫게 된다. 불행하게도 주위의 눈길과 자존심 때문에 여학생의 앞선 행동을 거절하지도 못한다.

가끔 나는 십대 딸과 함께 앉아서 대화를 나눈다. 그러면서 자연스럽게 "남학생들은 꼭 떼를 지어 몰려다니며, 소변으로 자기 영역을 확보하고 암캐들 뒤꽁무니를 킁킁거리며 쫓아다니는 수캐들 같다"고 농담을 하는데 사실 내가 보기에 어린 남학생들은 같은 학년의 여학생들에 비해서 신체적인 접촉을 훨씬 꺼려하는 것 같은 느낌이 든다. 아직 어떻게 행동해야 할지를 잘 모를 나이의 남학생들에게 여학생은 겁나는 존재가 아닌가 싶다.

그러나 남학생들은 고등학생이 되면서부터는 점점 성숙해져 여학생들보다 더 적극적이 된다. 그것이 바로 그들의 자연스러운 본성이다. 많은 젊은이들이 분명한 판단 기준이 없으면 어떻게 해서든지 젊은 여성과 관계를 하려고 들 것이다. 이는 단순히 거절하지 못한 여성의 책임이 아니라 육체적인 관계 뒤에는 반드시 책임이 따른다는 것을 남자들이 미처 배우지 못했기 때문이다.

아들의 성적인 특성에 대해서는 아들과 직접 대화하라. 이런 대화는 아이가 어릴 때부터 시작하되 나이가 들어도 계속 대화의 문을 열어 놓아야 한다. 남자 아이들과 대화를 할 때는 가르치려 들지 말고 자신의 경험을 이야기해 주는 것이 최선의 방법이다.

또 건전하게 대화할 수 있는 적당한 기회를 찾으라. 나는 그 당시 열 살 난 아들에게 일반적인 성과 자위행위에 대해서 말할 기회를 엿보고 있었다. 그러던 어느 날 아들과 함께 처음으로 간 보이 스카우트 캠핑에서 돌아오는 길에 아주 적당한 기회가 왔다.

보이 스카우트 안내문을 부모와 함께 읽도록 되어 있었는데 그중에는 성폭력으로부터 자신을 지키는 것에 관한 내용이 포함되어 있었다. 그 글을 큰 소리로 읽던 아들이 궁금

한 것들을 질문하기 시작했다. 나는 자연스럽게 아들에게 그
자신의 성적인 특성과 또 다른 여러 가지 것들에 대해 이야
기해 줄 수 있었다.

# 2

하나님께서 **당신을 선택**하신 데는
특별한 목적이 있다

# 대화법

"바비, 텔레비전 소리 좀 줄여라."

"바비, 내 말 들었니?"

"바비, 이게 마지막 경고야. 텔레비전 소리 좀 줄여."

"바비! 그 소리 좀 줄이지 않으면 너 혼날 줄 알아!"

"바비! 당장 소리 줄여!!"

"예? 아…, 죄송해요 엄마. 무슨 말인지 잘 안 들렸어요."

어디서 많이 듣던 내용 같지 않은가? 왜 남자 아이들은 멀리서 나는 아이스크림 차 소리는 잘 들으면서, 바로 방문 건너편에서 문을 쾅 닫지 말라고 하는 당신의 소리는 듣지 못하는 것일까?

남자 아이들이 지속적으로 집중할 수 있는 시간은 약 30초가 고작이라고 한다. 게다가 자기에게 관심이 없는 것은 아예 듣지 못하는 것이 사실이다. 솔직히 말해서 별로 들으려고 애쓰지도 않는 것 같다.

이렇게 집중하는 시간이 짧은 이유 중의 하나는 그들이 관심 있는 한 가지 일에만 온전히 집중하기 때문이다. 그리고 당신이 말할 때 주의해서 듣지 않는 이유 중의 또 다른 이유는 그들의 마음이 전혀 다른 곳에 가 있을 뿐 아니라, 당신이 여러 번 반복해서 말하리란 사실을 이미 잘 알기 때문이기도 하다.

남자 아이들과 대화할 때는 그들의 생각이 어떻게 작동하는지를 이해할 필요가 있다. 지난 수천 년 동안 남자들은 주로 가족을 먹여 살리기 위해서 밖에 나가 사냥을 하는 역할을 해왔다. 위대한 사냥꾼이 되기 위해서는 문제 해결 능력이 필수이며, 그 외의 또 다른 두 가지 중요한 능력이 더 필요하다.

그것이 무엇일까? 바로 조용히 침묵한 가운데 사냥감을 기다리는 능력과, 사냥감을 발견했을 때 그 한 가지 일에 완전히 집중하는 능력이다. 이 두 가지가 바로 수 세기 동안 남자들의 생각 속에 각인되어 있는 특성이다.

그러나 애석하게도 남자들의 이러한 특성을 이해한다고
해서 남녀 사이의 명확한 의사소통이 항상 이루어지는 것은
아니다. 오늘날의 문화는 너무나 많은 일이 우리의 주의를
빼앗아 간다. 우리 사회의 복잡한 소음 때문에 남자들은 한
번에 한 가지 이상의 일에 집중하는 것이 점점 어려워지고
있다.

남자들은 힘, 경쟁력, 효율성, 성취 등에 중요한 가치를
부여한다. 그들은 사람이나 감정보다는 사물이나 일에 더 많
은 관심을 둔다. 목표를 달성할 때 자신이 더 경쟁력 있고 가
치 있는 존재라는 느낌을 받는다. 그렇기 때문에 그들은 스
스로 목표를 정해놓고 그것을 달성하기 위해 전력투구하는
것이다. 남자들에게 자율성은 동시에 효율성, 힘, 경쟁력을
상징한다. 그렇지만 아들에게 대화의 기술을 가르칠 때는 한
꺼번에 너무 많은 욕심을 부리지 않는 것이 좋다.

엄마가 아들의 모든 문제들을 대신 해결해 주면 남성의
중요한 기술인 문제 해결 능력을 개발하는 데 전혀 도움이
되지 않는다. 존 그레이(John Gray)는 《화성에서 온 남자,
금성에서 온 여자(Men Are from Mars, Women Are from
Venus)》에서 다음과 같이 말한다.

"남자들이 물어보기도 전에 먼저 충고를 하는 것은 그 사

람에게 스스로 그 문제를 해결할 능력이 없다고 단정하는 것과 같다. 이 부분에 대해서 남자들은 매우 예민하다. 왜냐하면 그들에게는 경쟁력이 아주 중요한 문제이기 때문이다. 자신이 혼자 해결하지 못하고 남에게 도움을 요청한다는 것 자체가 스스로의 연약함을 인정하는 일이 된다.”

이러한 남자들의 특성을 인식하게 되면, 엄마들이 자녀를 도와주기 위해서 선한 의도로 끊임없이 무엇을 하라고 지시할 때, 왜 그들이 그렇게 불만스러워하고 좌절하는지 이해할 수 있게 된다.

이제 대부분의 남자들이 대화를 치유라기보다 부담으로 여긴다는 사실을 알았으니 다음에는 '아들과의 대화를 어떻게 해야 하는 것일까?'에 대해 구체적으로 알아보자. 아래에 나열된 몇 가지 중요한 요소들은 자녀가 생각하는 방법을 이해하고, 또 그가 알아들을 수 있는 수준으로 대화하는 데 도움을 줄 것이다.

## 남자들은 상대방의 마음을 읽지 못한다

어느 날 누군가 아래와 같은 예화를 이메일로 보내왔다.

"남편이 아내에게 그녀의 마흔 살 생일 선물로 무엇을 원하는지 물었다.

'다시 육이 되면 좋겠어요.'

드디어 아내의 생일날 아침, 남편은 아내를 일찍 깨워서 놀이공원으로 데려갔다. 얼마나 멋진 아침인가! 그는 아내와 함께 공원에 있는 놀이기구를 하나도 빼지 않고 다 탔다. 죽음의 낭떠러지, 비명의 올가미, 공포의 절벽 등 모조리 다 말이다. 정말로 굉장했다!

다섯 시간 후, 두 사람은 비틀거리며 놀이공원을 빠져 나왔다. 몸이 휘청거리고 뱃속이 거꾸로 뒤집히는 것 같았다. 그들은 곧장 맥도날드 햄버거 가게로 갔다. 그곳에서 남편은 아내를 위해 어린이 특별 메뉴에 튀김 감자를 추가하고 초콜릿 밀크셰이크를 주문했다. 그 다음에는 최신 디즈니 영화를 상영하는 극장으로 가서 영화를 관람했다. 정말로 재미있는 하루였다!

집으로 돌아온 아내는 곧장 침대로 달려가서 쓰러졌다. 남편은 누워 있는 아내에게 몸을 구부리고 사랑스럽게 물었다. '여보, 다시 여섯 살로 돌아간 기분이 어땠어?'

아내는 한쪽 눈만 겨우 뜨고 '이런 멍청이 같으니라고, 내가 말한 건 사이즈 육이었어요!'라고 대답했다."

이 이야기의 요점은 아내가 말을 할 때 남편이 잘 들었음에도 여전히 그 의미를 이해하지 못했다는 사실이다.

전에 나는 나이지리아의 작은 부락에서 온 남자와 이야기를 나눈 적이 있었다. 그는 자신이 결혼할 때 그의 할아버지께서 아내에게는 무조건 "그래, 여보!"라고 대답하라는 충고를 해주셨다고 말했다. 이 말은 세계 어느 곳을 막론하고 남자들은 여자들이 하는 말을 이해하기 위해 아주 애를 먹는다는 사실을 확인해 준다.

남자들이 진정으로 상대 여성을 사랑한다면 그녀가 원하는 것이나 필요를 잘 알고 있어야 한다는 것은 맞는 말이다. 이 세상의 모든 남자들이 여성들의 그와 같은 주장을 들은 적이 있을 것이다. 그러나 불행하게도 남자들은 여성들이 기대하는 바와는 아주 동떨어진 방식으로 생각을 한다. 남자들은 한 번에 한쪽 뇌밖에 사용하지 못하는 존재라는 사실을 생각해 보라!

남자들은 여자들이 무엇을 원하는지 직접적으로 말해주지 않으면 절대 이해하지 못한다. 남자 아이들에게도 마찬가지로 그들이 알아들을 수 있는 말로 단순하고 분명하게 말해주어야 한다.

당신의 애완견이 귀를 쫑긋 세우고 당신이 하는 말을 도무지 알아듣지 못해 킹킹거리는 것을 본적이 있는가? 당신이 하는 말을 아무리 이해하려고 해도 그 개는 전혀 말뜻을 알 수가 없다. 남자들이 바로 이와 똑같이 느낀다면 믿어지겠는가. 그들은 당신을 행복하게 해주고 싶지만 무엇을 해야 할지 알 수가 없는 것이다.

남자들의 눈으로 보면, 여자들이 하는 이야기는 꼭 무슨 수수께끼 같다. 정작 요점은 말하지 않으면서 주변적인 이야기들만 잔뜩 늘어놓는 것처럼 보인다. 그러면 남자들은 더욱 더 혼란에 빠진다. 무엇을 하라는 것인지, 또 그 일에 얼마나 시간이 걸릴 것인지를 말해줘야 남자들은 비로소 마음이 편해지고 무슨 뜻인지 이해할 수 있다.

아내는 대화 도중 여러 가지 이야기를 동시에 하기 때문에 주제가 바뀔 때마다 이를 알려주지 않으면 나와 아들은 그녀의 말을 도통 이해할 수가 없다.

여자들의 수수께끼 같은 이야기 방식 중 하나를 예로 들면, 어느 날 나와 아내가 차를 타고 고속도로를 달리고 있었다. 아내가 "방금 지난 골동품 가게 참 특이하게 생겼네요"라고 말할 때까지는 만사가 순조로웠다.

"그러네" 내가 맞장구를 쳤다.

아내는 아무 대꾸도 하지 않았고, 우리는 계속 길을 달려갔다. 그리고서 한 30km 정도를 달린 후에야 나는 비로소 무언가 잘못되었다는 사실을 눈치 챘다. 아무런 감도 못 잡은 채로 나는 아내가 왜 갑자기 화가 났는지 생각해 보려고 애를 썼다.

"내가 골동품 가게 앞에서 차를 세워달라고 할 때 당신이 그냥 지나쳤잖아요!" 아내가 퉁명스럽게 말했다.

여전히 나는 아내가 하는 말을 잘 이해하지 못한 채 몇 가지를 골똘히 생각해 보려고 애썼다.

첫째로, 아내가 말하는 골동품 가게가 어디였는지 생각해내려고 했다. 두 번째로, 아내가 나에게 요구한 것을 내가 무시한 일이 몇 번이나 있었는지 손꼽아 보았다. 나는 말 그대로 바보가 된 기분이었다.

아내는 나에게 골동품 가게 앞에 차를 세우라고 말한 적이 없었다. 그러나 아내가 그렇다고 하면 그랬을 수도 있을 것이다. 이런 일에는 내가 틀린 적이 항상 더 많았으니까. 언제나 먼저 사과를 하는 쪽은 나였다. 게다가 나는 그때 어떤 대화를 했는지조차도 잘 기억을 못하는 지경이니…….

그때쯤 나는 빨리 집으로 돌아가서 텔레비전에서 하는 미식축구 경기를 봐야 한다는 생각이 머릿속에 꽉 차 있었다. 나는 조그만 소리로 중얼거렸다. "미안해!" 그날의 남은 시간은 그때 내가 아내에게 저지른 잘못을 만회하는 데 턱없이 부족했다.

나는 아내가 말하는 일이라면 무엇이든지 할 용의가 있다. 그러나 그렇게 하려면 적어도 내가 알아들을 수 있는 말로 말해주어야 한다. 암시 정도로는 부족하며 마음을 읽는 것은 도저히 불가능하다. 결혼 생활 23년이 된 지금 나는 조금씩 아내의 수수께끼 같은 이야기를 이해하기 시작했다. 한데 이제는 십대 딸까지 합세해서 나를 또 다시 혼란에 빠트리고 말았다.

아들과 대화할 때는 아주 단순하게 이야기하라. 그럼으로써 남자들의 엄청난 두통을 줄여줄 수 있다. 그리고 마음속에 있는 말은 직접적으로 표현하고 그 의미가 분명하게 전달되었는지 확인하라.


## 눈 맞추기와 신체 접촉, 간단명료한 문장으로 말하기

남자 아이들은 산만해지기가 쉽다. 그러면서도 눈에 보이는 자극이나 소음 그리고 신체의 접촉에는 예민하게 반응한다. 옛날 사냥꾼의 기질이 여전히 내재해 있는 것이다. 따라서 그들의 관심을 얻고 싶다면 시각, 촉각, 청각을 이용한 접근 방법을 시도해 보라.

먼저 시야를 막고 있는 방해물들을 제거하라.

텔레비전은 꺼놓아라. 아무리 다 듣고 있다고 말해도 남자들은 신문을 보면서 동시에 당신의 말을 이해할 수 없다. 남자들의 두뇌는 한 번에 여러 가지 일을 하도록 고안되어 있지 않기 때문이다.

그래서 남자들은 한 가지 일에 무섭게 집중해서 위대한 업적들을 이룰 수는 있지만 여러 가지 일을 동시에 해낼 수는 없는 것이다. 내 아내는 아마 텔레비전을 켜놓은 채 전화 통화를 하면서 아이에게 반창고를 붙여주기도 하고, 동시에 저녁 식사 준비도 할 수 있을지 모른다. 그렇지만 나는 절대 그런 일은 상상할 수가 없다.

두 번째로, 남자 아이의 관심을 끌려면 신체 접촉을 하라. 간단히 팔이나 어깨에 손을 살짝 얹는 것으로 충분하다. 그가 당신을 쳐다보면 눈을 맞추어라. 다양한 표정을 사용하는 것도 도움이 된다. 남자들은 아주 시각적이기 때문에 당신이 아주 인상 깊은 얼굴 표정을 지으면 커다란 효과가 있다. 솔직히 나는 당신이 다양한 표정을 개발하기를 권한다. 우리 아들은 아주 어렸을 때부터 내가 예의 주시하면 바짝 긴장한다.

내가 8학년 때의 한 선생님이 기억난다. 그녀의 성은 씨

(See)였는데 독서 시간에 과학 소설을 가르쳤다. 그녀는 상당히 매력적인 외모뿐만 아니라 꿰뚫어 보는 듯한 날카로운 시선으로 우리를 사로잡았다. 아무리 잘난 체하는 학생도 그 선생님이 한 번 노려보면 단 몇 초도 견디지 못했다. 우리가 선생님을 뒤에서 째려보면 뒷머리에도 눈이 있는 것처럼 누가 쳐다보는지 금방 알 수 있다고 농담 삼아 말하기도 했다.

선생님은 절대 소리를 지르거나 목소리를 크게 하는 법이 없었다. 그저 그 무서운 눈빛으로 10초만 노려보면 얼마나 섬뜩한지 교실 한 구석으로 기어가서 숨어버리고 싶을 정도였다. 어느 누구도 그런 선생님을 무시하지 못했다.

세 번째로, 문장을 짧고 간단명료하게 끊어서 말하라.

요점을 단순하면서도 분명하게 말하라. 예를 들면, "다시는 그러지 마!" 혹은 "왜냐하면, 남자들은 그런 식으로 행동하지 않으니까!"라고 간단하게 말하라.

내 아내는 종종 아이들에게 긴 훈계를 한다. 그것이 엄마의 책임이라고 느끼는 듯하다. 어찌됐든 아내의 훈계가 시작된 지 1분 정도만 지나면 아이들은 다른 곳을 보며 딴청을 부리기가 일쑤다. 2분 이상 길어지면 나도 고개를 꾸벅하고 졸기 시작한다. 결국에 가서는 아이들이 잘 듣지 않는다는 것 때문에 아내는 더 화를 낸다. 아이들도 아이들대로 늘 훈계를 들어야 한다는 사실에 기분이 상한다.

내가 아내와 아이들 사이에서 중재하려고 노력하지만 때로는 분명히 자녀들에게 훈계를 해야 할 때가 있다. 그럴 때의 훈계는 꼭 진한 초콜릿 아이스크림 같아서 아주 조금만 들어도 기억에 오래도록 남는다. 남자 아이들은 지속적인 긴 대화에 따라가기를 힘에 부쳐 하기 때문에 아주 짤막하고 기분 좋은 대화를 하게 되면 훨씬 편안하게 당신과 이야기하려고 할 것이다.

아들의 나이에 따라서도 대화 방법이 달라져야 한다는 점을 명심하라. 예를 들어서 세 살짜리 아이에게 뜨거운 가스레인지를 만지면 위험하다고 길게 설명해 봤자 그다지 효과를 보지 못한다. 그냥 간단하게 "안 돼!"라고 말하면 충분하다. 남자 아이들은 말보다 자라나면서 직접 경험하는 데서 더 많은 교훈을 배운다. 또 특정한 주제에 대한 자녀의 의견을 물어보는 것도 대화를 시작할 수 있는 좋은 방법이다.

자녀가 엄마를 필요로 할 때 엄마가 항상 곁에 있다는 사실을 알게 하라. 그리고 아이가 한 말에 관해서는 비밀을 지켜라. 나는 아내에게, 혹은 더 어렸을 때는 엄마에게 내 마음속의 민감한 고민을 털어놓은 적이 있었다. 그 후에 나는 아내가 내가 말한 고민을 자신의 친구와 의논했다는 사실을 알고는 아주 심한 배신감을 느꼈다.

여자들은 정보를 교환하기 위해 자신의 여자 친구들과 대화하는 반면, 남자들은 그것을 사적인 비밀을 누설한 것으로 여기고 기분 나쁘게 생각한다. 남자 아이들은 신뢰를 기반으로 인간관계를 형성하려고 하기 때문에 이런 일에 매우 신경을 써야 한다. 특히 자녀를 혼자 키우는 엄마라면 이 문제가 더 심각해질 수 있음에 유의하라.

어떤 때는 부드럽게 말하려고 애쓸 필요가 있다. 또 때로는 소리를 쳐야만 할 때도 있다. 때때로 목소리의 크기나 톤을 바꾸는 것도 상당한 효과가 있다. 조그만 목소리로 속삭이면 상대방이 호기심을 갖게 된다.

마지막으로, 당신이 방금 말한 것을 자녀로 하여금 반복하게 함으로써 그가 당신의 말을 제대로 이해했는지 확인하라.

의미가 확실히 전달됐는지 확인하는 것이다. 이전에 컴퓨터에 사용하는 용어 중에 KISS(Keep It Simple, Stupid)라는 말이 있었다. 이는 간단한 명령어를 입력할수록 정확한 결과를 얻을 가능성이 높다는 것이다. 남자 아이들은 이런 컴퓨터와 마찬가지이다. 단순한 자료를 줄수록 훨씬 기능이 좋아진다.

프로 농구팀인 포틀랜드 트레일 블레이저(Portland Trail

Blazer)는 수년 동안 빌 스콘리(Bill Schonley)라고 불리는 아나운서를 라디오와 텔레비전 방송을 위해 고용한 적이 있었다. 스콘리는 선수들이 슬램덩크를 할 때마다 그의 특유의 어법을 사용했다. "아자! 아자! 아자!…… 정확하게 가운데로 들어갔습니다." "아자! 아자! 아자!" 이보다 더 남자 아이들에게 잘 통하는 어법은 없을 것이다. 짧고 신나는 간단한 표현, 길고 깊은 대화를 원한다면 여자 친구에게 전화를 걸어서 하는 편이 더 낫다. 그러면 당신도 만족하고 당신의 아들도 불만이 없을 것이다.

위와 같은 접근 방식으로 자녀와 대화를 하려면 처음에는 노력이 필요하다. 그러나 네 번, 다섯 번 소리 지르고, 협박하고, 벌을 주고, 결국에 가서는 당신 기분까지 망치는 쪽보다는 훨씬 쉽다.

## 좋아하는 활동을 함께 하면서 대화하라

당신의 아들, 혹은 남편에게 이야기하고 싶으면 그들이 좋아하는 활동을 함께 하면서 대화하는 것이 좋다. "나하고 얘기 좀 해요"라는 네 마디 말만 들어도 남자들은 가슴을 졸인다. 물론 남자들도 대화를 할 수는 있다. 단지 좋아하지 않을 뿐이지.

나는 누군가가 "나하고 얘기 좀 합시다"라고 말을 건네면, 제일 먼저 내가 뭐 잘못한 것은 없는지 걱정하면서 핑계거리를 찾기 시작한다. 남자들은 그런 말을 들으면 자신에게 무슨 문제가 있다는 의미로 들린다. 왜냐하면 그들은 다른 누군가를 비난하거나 충고를 요청할 때만 문제에 대해서 이야기하기 때문이다.

단순히 문제를 해결하기 위해 그 문제에 대해 자꾸만 거론하는 법은 좀처럼 없다. 그렇기 때문에 여자들이 잔뜩 화가 나 있으면 남자들은 자신들이 무슨 잘못을 저질렀기 때문이라고 당연하게 생각한다.

프랭크 피트만(Frank Pittman)은 그의 《사내다운 남자가 되는 법(Man Enough)》에서 이런 말을 썼다.

"남자들은 여자들이 강한 감정을 섞어서 말할 때 이를 보통 히스테리적인 행동이라고 여긴다. 여자들이 무섭게 화를 내는 것은 남자들에게 있어서는 마치 신의 분노와도 같이 느껴져 상대방이 무슨 말을 하고 있는지는 들리지 않고 단지 화가 났다는 사실에만 몰입한다. 그러면서 듣는 기능을 상실한 채 그저 폭풍이 다 지나가기만을 고대한다. 남

자들은 전달하고자 하는 내용이 있으면 가능한 감정을 배
제하고 논리적으로 전달한다. 남자들이 화가 났을 때 한 말
은 진심이 아니며, 같은 남자들끼리는 서로를 잘 이해한다.
여자들도 우리를 이해해 주면 참 좋으련만……."

일반적으로 여자들이 언어를 더 뛰어나게 사용하기에 남
자들은 대화할 때 불리한 입장에 놓인다. 나는 아내가 나보
다 우월한 대화의 기술을 사용해서 내 말을 자신에게 유리하
게 이끌어 가는 것을 보며 속상해 했다. 다시 말하면 우리 부
부 사이에 무슨 논쟁이 있든지 간에 항상 지는 쪽은 나라는
사실이다. 그럴 때는 내가 잘했든 잘못했든 아무 상관이 없
다(물론 나는 항상 잘못한 쪽이다).
나는 비참한 기분으로 아내에게 한 마디 덧붙일 뿐이다.
"내가 표현을 정확하게 못한다고 해서 내가 한 말이 다 틀린
건 아니야." 대부분의 남편들이 아내와 의견이 불일치 할 때
먼저 사과하는 것을 당연하게 받아들인다는 점은 재미있는
사실이다. 아마도 그 생각은 아내와 대화를 시작하는 데 별
로 좋은 전제는 되지 못할 것이다.
나는 엄마와 아들이 어떤 주제를 놓고 아주 뜨겁게 대화
하는 광경을 우연히 목격한 적이 있다. 보통은 엄마들이 자

신의 우월한 대화술로 대화를 주도한다. 결국 기분이 상한 아들은 자신의 의견을 이해시키기 위해서 화를 내게 된다. 성경에서는 아버지들에게 자녀를 화가 나게 하거나 좌절시키지 말라고 말씀하고 있다. 이는 엄마에게도 마찬가지이다.

또 다른 경우는, 엄마들이 자신의 대화 기술을 사용하여 아들이 하고자 하는 말들을 잘 표현할 수 있도록 도와주는 것을 본 적이 있다. 어떤 엄마는 아주 주의 깊고 침착하게 아들의 생각을 이끌어 내고, 그 자신도 깨닫지 못하는 느낌까지도 인식할 수 있게 도와주는 것을 보았다.

그러는 과정에서 자녀는 자신감을 얻고 엄마와의 관계를 긍정적으로 받아들이게 된다. 자신의 은사를 그토록 아름답게 사용하는 여성의 모습을 바라보자니 가슴 깊이 감동이 몰려왔다.

솔직히 고백하면 나는 소파에 꼼짝없이 갇힌 채로 아내와 그런 의미심장한 대화를 나누기가 두렵다. 그럴 때면 마치 사슬에 묶여서 지하 감옥에 갇혀 있는 것 같은 기분이 든다. 장송가가 귀에 들리는 듯한 착각마저 든다.

그렇지만 아내와 함께 골프나 산책을 하면 나는 하루 종일이라도 떠들 수 있다. 게다가 아내가 원하는 주제에 대해서도 마음 편하게 이야기할 수 있다. 그리고 그런 때 아내가 하는 말을 더 잘 받아들일 수 있다는 사실도 인정해야겠다.

남자 아이들도 이와 똑같다. 아들이 좋아하는 곳으로 데리고 가서 함께 즐기며 대화하라. 원반던지기를 하든지 아니면 아들이 좋아하는 특별한 장소로 데리고 가라. 농구를 하지 못하면 그저 공을 받아서 아들에게 던져주어도 괜찮다.

축제나 놀이공원에 가서 당신을 위해 과녁 맞추기 게임에서 상품을 타게 해보라. 숲으로 데리고 가서 벌레나 개구리를 잡게 해줘라. 당신이 직접 잡을 필요는 없다. 그저 그 자리에 함께 있다는 것만으로도 당신의 관심을 보여줄 수 있다. 엄마와의 긍정적인 추억이 많을수록 아들은 주제와 상관없이 당신의 말을 심각하게 받아들일 것이다.

왜 이런 방식이 효과가 있을까? 남자 아이들은 자신이 좋아하는 활동을 할 때는 생각하면서 동시에 대화해야 한다는 압박감에서 벗어나는 것 같다. 이러한 설명이 잘 납득이 안 갈지도 모르지만, 다른 말로는 어떻게 설명해야 할지 잘 모르겠다.

어쩌면 이는 대화에 감정적으로 몰입하는 것을 막아주기 때문에 남자들 자신이 생각하는 것을 쉽게 표현할 수 있는 환경을 조장해 주는지도 모르겠다. 상대방과 눈을 마주치고 있을 때보다는 신체적인 활동을 하고 있을 때 남자들은 훨씬 편안함을 느낀다. 이는 나이에 상관없이 모든 남자들에게 나타나는 특성이다.

어느 날 나는 '빅 브라더스 빅 시스터스(Big Brothers Big Sisters)'라고 불리는 단체의 사례 연구가에게서 인터뷰 요청을 받았다. 이 단체에서는 아버지가 없는 가정의 남자 아이들에게 큰형의 역할을 해주는 사역을 준비하고 있었다. 한 시간 정도 대화를 나눈 후에 그녀는 나에게 남자 아이들과 대화를 나누는 가장 좋은 방법이 무엇인지 물었다.

"우리는 뭔가 신체적인 활동을 하는 걸 즐기죠. 지금처럼 그냥 자리에 앉은 채로 한 시간 내내 대화하는 건 몸이 근질근질해서 견딜 수가 없어요. 차라리 벌떡 일어나서 방안을 서성거리고 싶어진다니까요." 이 말만으로도 내가 그 한 시간 동안 얼마나 긴장하고 있었는지 금방 느낄 수 있었을 것이다. 그렇지 않고서 어떻게 한 시간 동안 꼼짝 않고 가만히 앉아 있을 수 있었겠는가.

특히 남자들은 화가 나거나 문제를 해결할 때에는 몸을 움직여야 한다. 또한 자신의 감정을 표현하기 전에는 다시 한 번 생각해 봐야 한다. 여자들은 생각하고 느끼고 말하는 일을 동시에 할 수 있지만 남자들은 그렇지 않다. 그런 의미에서 신체적인 활동은 남자들에게 말하기 전에 생각할 수 있는 여유를 준다.

이는 남자 아이들과 대화하기 전에 먼저 마음을 산만하게 할만한 장애물을 제거하라는 충고와 상반되는 것처럼 들릴 수도 있다. 그러나 이러한 기술은 긴 대화를 해야 할 때 사용한다. 간단명료한 문장보다는 좀더 깊은 대화를 해야 할 필요가 있을 때 말이다. 그럼으로써 설교식의 대화를 줄일 수 있는 좋은 대안이 될 것이다.

또한 자녀에게 문제를 제시하고 그 해결 방법을 찾는데 도와달라고 하면 자녀가 대화의 주도권을 쉽게 잡을 수 있다. 남자들은 본능적으로 어려운 문제를 해결하려는 욕구가 있기 때문이다. "문제가 좀 있는데 도와줄 수 있겠니?"라고 아들에게 말해보라.

여기 또 한 가지 도움이 될만한 정보가 있다. 남자 아이들을 데려가기에 가장 바람직한 장소는, 자갈 채취장, 공사 현장, 또는 쓰레기 처리장 같은 곳이다. 여자들은 몰라도 남자들은 이 사실을 너무나 잘 알고 있다. 그러면 남자 아이들은 왜 이런 장소를 가장 좋아하는 곳으로 꼽을까?

자갈 채취장은 그 이름 자체만으로도 멋지지 않은가! 그곳에는 온갖 종류의 보물들이 숨겨져 있다. 돌·화살촉·낡은 병·화석 등등. 만약 아들과 함께 자갈 채취장에 가면 멋

1. 한 문장, 혹은 두 문장으로 간단하게 말하라. 그 이상 더 길게 말하지 마라.

2. 예화나 보기를 들어서 설명하라.

3. 의견을 말하게 하라. 아무런 반응이 없으면 질문을 하라.
   "너도 이런 경험을 한 적이 있니?"

4. 아이들의 반응 가운데 한두 가지 중요한 단어를 포착하라. 보통은 이런 단어들이 아이의 감정을 직접, 혹은 간접으로 표출해 준다.
   "무서워", "속상해", "와아!"

5. 포착한 단어들을 사용해서 대화를 이어 나가라.
   "뭐가 무서운데?"

6. 대화 중의 침묵을 두려워하지 마라. 남자 아이들은 가끔 생각을 정리하는 데 시간이 필요하다.

7. 대화가 깊어지면 함께 무언가를 하는 것도 유용하다. 그러면 그냥 식탁에 앉아서 눈을 마주보고 이야기하는 편보다는 훨씬 가볍게 대화할 수 있다.

8. 가능하면 아들이 대화의 마지막을 장식할 수 있도록 유도하라. 아들이 스스로 대화를 마무리하게 하라.

9. 필요하면 이후에 그 문제를 다른 방식으로 다시 거론하라. 남자 아이들은 종종 한 번 이야기한 것으로는 충분히 이해하지 못하기 때문이다.

진 돌들을 마음껏 주워서 집으로 가져오게 하라. 그랬다가는 아이 방이 돌과 죽은 벌레(어떤 때는 살아 있는), 동물들의 뼈로 가득 차게 되겠지만 그것이 무슨 상관이란 말인가. 방은 그저 방일 뿐인데.

공사 현장에는 크고 강력한 기계들과 육중한 장비들이 있다. 그곳은 시끄럽고 더러우며 땀에 젖은 건장한 남자들이 득실댄다. 남자 아이들은 그 자리에 몇 시간이라도 서서 입을 다물지 못하고 이를 경이롭게 바라볼 것이다.

쓰레기 처리장이 왜 그렇게 남자들에게 매력적인 곳인지는 나도 잘 설명을 할 수가 없다. 어쩌면 남자들끼리만 통하는 무슨 예식 같은 것이 그 안에 있는지도 모르겠다. 내 아들은 지금도 예전에 우리가 함께 쓰레기 처리장에 갔었던 일을 이야기할 때면 거의 경외심에 가까운 표정을 한다. 사실은 나 자신도 아직 아버지와 함께 쓰레기 처리장에 가는 것을 좋아한다. 어쩌면 그곳이 그냥 더럽고 냄새나며, 여자들이 주위에 하나도 없기 때문인지도 모르겠다.

내 아들은 십대가 된 지금도 기회만 주어지면 쓰레기 더미 위에서 뛰어놀 것이 뻔하다. 게다가 그곳에서 일어난 일은 가장 위대한 에피소드가 된다. 나와 내 동생이 각각 열한 살, 그리고 일곱 살 때 우리는 아버지와 함께 쓰레기 처리장에 간 적이 있었다. 그때 갈매기 한 마리가 아버지의 이마를 공격했다. 지금도 우리는 부엌 식탁에 함께 모여 앉아서 그때 이야기를 하곤 한다.

## 남자들은 칭찬과 존경을 더 받고 싶어 한다

　남자들은 그들이 생각하는 것보다 훨씬 더 많은 칭찬과 존경을 받고 싶어 한다. 이 사실이 당신에게 전혀 의외인가. 남자로서 나는 물론 사랑받기를 원한다. 무엇보다 나는 나의 아내와 자녀들에게(특히 아내에게) 존경과 칭찬을 받길 원한다.

　지난 23년의 결혼 생활 동안 아내 수잔이 나에게 한 말 중 내 머릿속에 가장 분명하게 남아 있는 것이 두 가지 정도 있다. 한 번은 우리 둘이 함께 모험 소설을 읽은 적이 있었다. 그 책의 주인공은 여러 가지 난관을 극복한 사람이었다. 아내는 그 주인공이 나와 닮았다고 말했다.

　와아! 아내는 별 생각 없이 한 말이었겠지만, 나에게는 마치 아내가 사랑을 비처럼 쏟아부어 주는 듯한 느낌이었다. 아내가 나를 존경한다는 사실! 적어도 나의 해석으로는 아내가 나를 영웅으로 생각한다는 것이다. 그 책의 주인공은 경쟁력 있고, 강하고, 담대하며, 무슨 문제든지 힘과 인내로 풀어나가는 남자 중의 남자, 영웅 중의 영웅이었다.

　두 번째로 내가 기억하는 말은 3년 전으로 거슬러 올라간다. 그해 부활절 예배 때 내가 성도들에게 간증을 하는 동안 가족들도 함께 단상에 올라갔던 적이 있었다. 예배가 끝나고 아내와 함께 이런저런 이야기를 하던 도중 아내가 갑작스럽게 말을 꺼냈다.

"난 당신이 정말 자랑스러워요. 오늘 당신 덕분에 교회에 나온 모든 여자들의 부러움을 한 몸에 다 받았다니까요."

그녀는 자기가 한 말의 힘을 알지 못했다. 그러나 아내의 말 속에서 나는 그녀의 흥분을 느낄 수 있었다. 그때 나는 아내를 위해서라면 엠파이어 스테이트 빌딩에라도 기어 올라갈 수 있을 것 같은 기분이었다. 그 순간만큼은 아내가 원하는 것이라면 목숨을 바쳐서라도 구해왔을 것이다. 아내가 나를 자랑스러워하다니……!

모든 남자들은 나이의 고하를 막론하고, 엄마를 포함한 자신의 여인들이 자기를 자랑스럽게 여겨주기를 고대한다. 우리는 우리의 여인들을 감동시키는 것을 즐긴다. 생각해 보면 내가 이룩한 대부분의 업적은 직접, 혹은 간접으로 아내의 칭찬과 인정을 받기 위한 노력의 결과였다. 항상 의식적으로 결정하는 것은 아니지만 아내의 존경과 칭찬을 받고자 하는 소원이 내 마음 뒤편에 늘 있었다.

나는 모든 남성들이 나와 같다고 생각한다. 당신의 아들도 엄마가 자기를 자랑스럽게 생각하기를 원하며 또 그것을 얻기 위해 노력한다. 아들의 긍정적인 행동을 강화하기 원하는가. 아니면 부정적인 행동들을 변화시키기 원하는가. 당신이 격려하고 싶은 행동을 자녀가 했을 때 다음과 같이 말해 봐라.

"네가 그렇게 했다니 정말 자랑스럽구나!" 혹은 "난 너의 그런 면이 정말 좋단다. 참 남자다운 행동이야." 또 때때로 다른 남성의 행동을 보고 아들에게 본받게 하고 싶을 때는, "저 사람의 저런 면은 정말 존경스럽구나. 남자라면 저렇게 해야지."

그리고 당신이 칭찬과 존경으로 세워주었을 때 아들의 가슴이 부풀어 오르는 것을 보라. 아들이 자신의 위대한 성품이나 능력을 증명했을 때, 당신이 그를 얼마나 자랑스러워하는지 반드시 말해줘라. 그러면 아들은 다음에도 당신의 칭찬을 듣기 위해 최선의 노력을 할 것이다.

아들이 가장 좋아하는 음식을 상으로 해줘라. 이는 긍정적인 강화요인으로써 놀라운 효과가 있다. 당신에게는 이 말이 너무 단순하게 들릴지 모르지만 사실이다. 남자들은 당신이 생각하는 것처럼 그렇게 복잡한 존재가 아니다.

이와 마찬가지로 부정적인 행동을 교정하기 위해서는 이처럼 말해 보라. "네가 그렇게 행동하다니 정말 실망이야. 남자는 그런 식으로 행동하지 않는 줄 알았는데." 그러면 아들은 분명히 듣기 싫어할 것이다. 그렇지만 그 일에 대해 다시 한 번 생각해 볼 것이다. 아들이 아주 어렸을 때부터 이런 식으로 말해줘라. 그에게 분명한 기준을 세워주도록 하라. 남자 아이들은 규칙을 알고 싶어 한다. 그래야지만 자신에게 허용된 일의 범위가 어디까지인지 알 수 있기 때문이다.

그렇지만 반드시 기억해야 할 점은, 남자들은 남에게 비판받는 것을 교훈으로 배우고 성장할 수 있는 기회로 보지 않는다는 사실이다. 오히려 자신의 능력이나 심지어 정체성에 대한 공격으로 받아들인다. 많은 남자들이 비판을 받는 것은 자신의 실패나 불완전함, 혹은 무능력을 인정하는 것이라고 여기고 있기 때문이다.

당신은 또한 당신이 도움을 요청할 때 아들이 어떻게 반응하는지 이미 눈치 챘을 것이다. "이 병 좀 열어줄래?", 혹은 "저 위의 접시 좀 꺼내줄래?"라고 물었을 때, 그들은 보통 아주 으스대며 걸어와서는 당신이 부탁한 일을 해줄 것이다. 이런 현상은 나이가 어릴수록 더욱 두드러진다.

엄마가 하지 못하는 일을 돕기 위해서라면 그들은 하던 일을 당장이라도 멈추고 달려올 것이다. 남자들은 자신이 필요하다고 생각하는 일에 동기를 부여받고 힘을 얻는다.

남자 아이들과 대화하는 것은 쉬운 일이 아니다. 남성들은 타고난 성향 때문에 이해력과 대화의 기술이 부족하다. 반면에 여성들은 남자보다 뛰어난 언어능력과 직관력을 가졌다. 그래서 현명한 여성들은 이러한 남성의 장애를 뛰어넘어 대화할 수 있는 방법을 찾아낸다. 남자들은 그에 대한 고마움을 항상 말로 표현하지는 않지만 늘 마음으로 감사하고 있다.

# 아들을 위대하게 키우는 엄마의 행동법칙

네 자식을 징계하라. 그리하면 그가 너를 평안하게 하겠고 또 네 마음에 기쁨을 주리라.

*《잠언 29:17》*

남자 아이들을 가르칠 때, 특히 십대 청소년일 경우에는 당신이 임할 전투를 고르라고 말하고 싶다. 너무나 많은 전투가 앞에 놓여 있어 모든 싸움을 다 싸울 수는 없기 때문이다. 아니 싸울 수는 있지만 다 이길 수는 없기 때문이다.

당신에게 가장 중요한 가치가 무엇인지를 먼저 분명히 세우고 그것들을 아들에게 가르쳐라. 정말 중요한 사안일 때만 전투태세를 갖춰라. 그러면 사사건건 모든 일에 많은 힘을 낭비할 때보다 전투에서 이길 확률이 훨씬 더 높아질 것이다.

중요하지 않은 작은 일들은 그냥 흘려보내라. 당신의 아들이 남자로 자라나는 과정에는 스스로 결정하는 능력과 또 자신이 내린 잘못된 결정 때문에 곤란을 겪는 일도 포함되어 있다. 특히 자녀가 점점 나이가 들수록 엄마의 역할은 훈육을 한다거나 모든 결정을 대신 내려주는 것이 아니라 그들을 안내하고 지도하는 것이다. 그러면서 자연히 남자가 갖춰야 할 리더십을 개발하게 되는 것이다.

## 책임감을 배우고 결과를 인식하게 하라

남자 아이들은 지휘와 감독이 필요하다. 그들은 말 그대로 다듬어져야 한다. 물론 부분적으로는 규칙들을 익힘으로써 다듬어질 수 있다. 그렇지만 남자들은 불투명한 규칙들이 주어진 상황에서는 매우 불안함을 느끼기 때문에 분명한 규칙을 세워놓고 그 규칙을 지키게 함으로써 다듬어져야 한다.

내가 어릴 적에는 거의 모든 일을 놀이로 만들었다. 심지어 집안일이나 숙제까지도 자신이 놀이로 만들어 그 놀이 규칙을 지키거나 이미 알고 있는 규칙을 지키면 아주 기분이 좋아졌다.

남자 아이들은 모든 것을 경쟁하여 이기고 싶어 한다. 그래서 규칙이 아예 없거나 계속해서 바뀌는 상황에서는 경쟁하기가 어렵다. 더구나 규칙이 없어지면 책임에 대한 기준도 없어지게 되므로 아들이 어렸을 때부터 자신 이외의 다른 사람에게 지휘 감독을 받을 수 있는 분명한 규칙들을 세워놓아야 한다. 그리고 규칙을 일단 세우면 이를 반드시 지키도록 강조해야 한다.

그러면 아들로 하여금 책임감을 가지게 하려면 어떻게 해야 하는가? 우선 당신의 기준을 먼저 분명히 알려줘야 한다. 그리고 나서 아들이 그러한 기준을 따르지 않으면 어떤 결과를 당할지 미리 확실하게 정해놓아야 한다. 그러면서 아이들은 책임감을 배운다.

그러나 당신이 요구하는 것을 구체적으로 아이에게 말하는 것을 잊지 말아야 한다. 십대 청소년들은 애매한 기준이나 구체적이지 않은 규칙들을 자신들에게 유리하게 해석하기 때문이다. 그렇게 되면 당신이 요구한 것을 자기들이 원하는 때에 원하는 방식으로 할 수 있는 여지가 생긴다.

많은 경우에 있어 그들이 생각하는 시간과 방식의 개념은 당신의 생각과 많이 다르다. 왜 남자들은 자신 이외의 다른 사람의 감독이 필요한가? 왜 남자 아이들은 우리 사회에서 현재 급격히 사라져가는 이러한 책임감의 훈련을 받아야만 하는가?

패밀리 라이프(Family Life)의 데니스 레이니(Dennis Rainey)는 무책임한 사람의 특성에 대해 말하고 있다. 어느 날 그는 책상에 앉아서 죄의 유혹에 빠진 사람들의 특성들을 적어나가기 시작했다. 그중의 많은 사람들이 아래와 같은 특성들을 가지고 있었다.

- 분명한 경계가 없이 안일한 생각을 한다.
- 자신의 행동을 합리화하고 정당화한다.
- 사람들로부터 분리되어 자신을 격리시킨다.
- 다른 사람들에게 의논하지 않고 혼자서 중요한 결정들을 내린다.
- 자신의 삶 가운데 신빙성과 진실이 없다.
- 방어적이고 교만하며 실수나 잘못을 인정하려고 하지 않는다.
- 삶의 주요 영역들을 다른 사람들에게 보여주지 않는다.

● 위협적이고 근접하기가 어려우며 비밀이 많다.

레이니는 또 "위와 같은 특성들이 계속적으로 손꼽아지는 것은 정말 놀라운 일이다. 무책임한 사람들은 스스로 고립되고 다른 사람들을 가까이하지 않으며, 자신을 타인의 감독 하에 두기를 싫어한다. 그래서 혼자서 고립되어 있으면 훨씬 더 죄의 유혹에 빠지기 쉽다"고 말한다.

자신의 삶에 다른 사람들이 들어오는 것을 허용하는 것은 남자들이 훈련받아야할 기술인 동시에 책임감을 유지하는 데 아주 중요한 요소이다. 책임감은 우리로 하여금 마약이나 환각제, 알코올 중독, 도박, 포르노 그리고 강간과 같이 영혼을 말살하는 죄의 유혹에 빠지는 것을 막아준다.

남자들의 삶에 책임감이 필요한 이유는 바로 이 죄의 유혹 때문이다. 죄는 결국 가정을 파괴하는 결과를 가져온다. 또 다른 이유는 성품을 개발하기 위한 것이다. 나의 경험으로는, 많은 재능 있는 젊은이들이 누군가에게 감독을 받을 필요가 있다. 그들이 자신의 최선을 다해 성취할 수 있도록 옆에서 격려하고 고무시켜야 한다. 이런 이유에서 자녀를 조직적인 스포츠에 참여시키는 것은 인성 개발과 동시에 코치의 감독 하에 책임감을 발휘할 기회를 준다.

코치의 전형적인 임무는 선수들 자신 안에 잠재해 있는 재능을 혼자서 할 수 있는 것보다 더욱 효과적으로 이끌어내는 것이다. 코치의 또 다른 중요한 역할은 남자 아이들에게 열심히 노력하는 습관, 상대방을 존중하는 법, 자기 절제, 그리고 팀워크 등의 인성을 가르치는 것이다.

불행하게도 엄마들은 그들의 자녀를 보호하고 자녀들의 감정을 다치지 않게 하려는 타고난 모성애 때문에 무의식 중에 아이들의 책임감 훈련을 방해하기도 한다. 여기 아주 '고약한 코치'의 이야기로 예를 들어 보자.

존의 고등학교 체육 코치의 이야기다. 그는 존에게 자기 절제와 다른 사람에 대한 배려를 가르치기 위해서 그를 팀의 중요한 포지션에서 제외시키거나, 경기에 참여하는 기회를 줄였다. 그리고 팀원들 앞에서 그의 행동과 연습하는 태도를 고치라고 야단을 쳤다. 존은 코치의 이러한 부당한 대우에 화가 나서 집에 가 엄마에게 그날 학교에서 코치가 자기를 얼마나 심하게 대했는지 울면서 불평했다.

나는 이런 경우에 아버지가 끼어드는 경우는 거의 보지 못했다. 너무나 화가 난 엄마는 곧장 교장 선생님에게 달려가서 따졌다. 많은 경우에 이로 인해 코치가 그 자격을 박탈당한다(어떤 때는 자신의 입장을 변호할 기회도 주어지지 않은 채). 때로는 이를 호소하기 위해서 학교 이사회에 탄원을 하게 되는 사례도 있다. 이런 경우 이사회는 대부분 학교의 후원 관리와 대외 이미지에 신경을 쓰기 때문에 진실을 밝히기보다는 학교장의 결정을 지지한다.

요즘은 이런 일들이 갈수록 더 많이 일어나고 있다. 최근에 선수를 부당하게 취급했다는 이유로 해고된 고등학교 야구팀 코치와 관련해서 학교 이사회의 한 이사는 다음과 같은 평을 했다.

"요즘 사람들은 자기 절제와 상대방을 존중하는 법을 가르치는 것에 대해 부당한 대우라고 오해하고 있다."

아이러니하게도 학교 이사회는 만장일치로 코치가 팀의 어느 선수에게도 말이나 신체적인 해를 입힌 적이 없다고 투표 했음에도 불구하고 교육감의 결정을 존중해서 코치를 해고하도록 내버려 두었다.

자신의 권리를 남용해서 학생들을 해롭게 하는 코치들은 해고 당해 마땅하다. 그러나 대부분의 코치들은 아주 헌신적이고 열심히 일하는 사람들로서 자신이 가르치는 아이들이 운동의 여러 가지 규칙들을 통해서 더욱 발전하기를 원한다.

그러나 오늘날의 즉각적인 만족과 상대적인 진리를 추구하는 문화 속에서 코치들의 역할은(프로 팀 코치로부터 고등학교의 코치에 이르기까지) 심리학자나 유모, 아니면 자존감을 세워주는 상담가로 전락하고 말았다. 불행하게도 이제 그들은 거의 모든 시간을 팀의 각 선수들이 공평하게 경기에 참여할 기회를 가지는가, 아니면 누군가 마음이 상하지는 않았는지 걱정하는데 허비해야 할 처지이다.

자녀가 문제에 부딪혔을 때 당장에 달려와서 구해주는 엄마들은, 아들로 하여금 어려운 일이 생기면 그 일의 권한을 가지고 있는 사람에게 찾아가거나, 자신이 스스로 책임을 지기보다는 누군가(특히 여성)에게 도움을 요청한다.

이런 방법은 자녀의 전 생애에 거쳐서 습관으로 남게 된다. 감독을 회피하는 남자 아이는 성인이 되서도 아무에게도 책임을 지지 않으려고 하여 결국에는 커다란 재앙을 초래하게 된다. 한편 중요한 일을 결정하는데 원칙보다는 감정을 앞세우도록 아이들을 가르치는 엄마들도 있다.

그러나 모든 경우에 있어서 감정에 치우치기보다 원칙에 입각해서 결정을 하는 사람이 훨씬 믿을 만하다. 감정은 신뢰할 수가 없으며 언제라도 변하기 쉽지만 원칙은 마치 바다의 등대와 같아서 이를 무시한 배들은 무시무시한 암석을 만나 선체에 구멍이 나고 파선해서 사람들이 죽게 된다.

'고약한 코치'의 예화를 듣고 나서 나와 절친한 여성이 다음과 같은 질문을 했다. "그렇다면 자녀가 부당한 대우를 받는다고 여겨질 때, 어느 것이 적절한 수준인지 아니면 지나친 것인지를 어떻게 분간하나요? 그럴 때 아들을 구하고자 하는 제 충동을 어떻게 하면 억누를 수 있을까요? 사실 그 일은 너무 괴롭고 힘들거든요." 굉장히 좋은 질문이다.

내가 첫 번째로 하고 싶은 제안은, 당신의 아들이 코치나 그 밖의 권위를 가진 사람에게 부당하게 대우를 받는다고 여겨지면 우선 당신이 신뢰하는 사람(남성)을 찾아가 그 상황을 설명하고 의견을 물어라. 대부분의 남성은 그것이 권리 남용인지, 아니면 훈육인지를 객관적인 시각에서 당신에게 말해줄 수 있을 것이다.

그래도 여전히 코치의 태도가 마음에 걸리면 직접 코치를 찾아가서 대화를 하라. 그게 불편하게 느껴지면, 팀의 다른 부모 중 당신과 같은 불만을 가지고 있는 사람들과 함께 찾아가는 것도 한 방법이다. 만약 코치로부터 만족할 만한 설명을 듣지 못했다면, 그 다음에는 학교의 체육 선생님, 교장 선생님 그리고 기관의 행정담당 책임자를 순서대로 찾아가라.

어느 기관이든지 책임자를 가장 먼저가 아닌 가장 나중에 찾아가는 것이 바람직하다. 어느 조직이나 지휘의 체계가 있다. 당신이 그런 지휘 체계 안에서 적절한 순서를 따르는 본을 아들에게 보여주면, 사회의 규칙을 따르는 것이 얼마나 중요한가를 아들에게 가르칠 수 있다.

남자 아이들에게 책임감을 가르칠 수 있는 사람은 단지 운동 팀의 코치만이 아니다. 직접, 혹은 간접으로 그들이 삶에서 만나는 다른 많은 남성들도 남자 아이들이 책임감을 배우는 데 똑같이 중요한 역할을 한다.

나는 아들과 함께 매해 여름마다 배낭여행을 떠난다. 배낭에 가득 짐을 싸들고서 사흘이나 닷새 동안 도보로 여행을 하는 것이다. 음식은 길을 가면서 얻은 것이나, 낚시를 해서 잡은 고기를 먹는다. 만약에 대비해서 얼려서 말린 비상식량을 조금 가지고 간다.

몇 년 전 우리는 오리건 주의 동쪽에 위치한 산으로 여행을 간 적이 있었다. 여행을 마치고 집으로 돌아오는 길에 포슬(Fossil) 시에 있는 어느 작은 마을을 들렀다. 그곳에서 우리는 한 고등학교 축구장 위의 언덕에 올라가 화석을 조금 캤다. 그러고 나서 그것들을 배낭에 넣은 후 아이스크림 가게에 들러 의자에 앉아서 달콤한 밀크셰이크를 마시는 동안 아주 재미있는 광경을 목격했다.

우리 테이블 건너편에 두 명의 십대 소녀와 지저분하게 생긴 청년이 한 명 앉아 있었다. 그 청년은 그중의 한 소녀와 데이트를 하고 있는 것이 분명했다. 잠시 후 몸집이 커다란 남자가 자신의 두 딸을 데리고 나타났다. 그 순간 데이트를 하던 소녀가 일어나 그 남자를 잘 아는 듯 자신의 남자 친구를 그 사람에게 소개했다. 그러자 옆에 서있던 소녀는 걱정스러운 표정으로 안절부절못한 채 그들을 지켜보고만 있었다.

덩치 큰 남자는 젊은 청년에게 악수를 청하고는 그 커다란 손으로 청년의 손을 움켜쥐었다. 대화를 하는 중에도 그는 움켜쥔 손을 놓지 않아 청년을 당황하게 만들었다. 청년이 뭐라고 대답했는지 잘 알아들을 수는 없었지만 대화를 나누는 동안 그의 표정이 점점 더 불안해지는 것을 멀리서도 알 수 있었다.

남자 : "자네 이름이 뭔가?"

청년 : 중얼 중얼

남자 : "어느 학교에 다니지? 집은 어딘가?"

청년 : 중얼 중얼 중얼

남자 : "아버지 성함은 어떻게 되나?"

청년 : 삑삑, 중얼 중얼

남자 : "존 데이(John Day) 근처에 사는 스미스(Smith)네 말인가?"

청년 : 푹… 한숨쉬는 소리

남자 : "자네 아버지를 잘 알지. 아주 좋은 분이야. 만나서 정말 반갑네. 좋은 시간 보내고 저 애들을 잘 보살펴주게."

드디어 그 남자가 청년의 손을 놓고 계산대 쪽으로 걸어갔다. 청년은 안도의 한숨을 쉬면서 몸을 가누지 못하고 비틀거렸다. 덩치 큰 남자가 청년에게 하려는 말뜻은 너무나 분명했다. "나는 자네가 누군지, 어디 사는지, 또 자네 가족이 누군지도 다 알고 있네. 만일 이 아이들에게 무슨 일이 생긴다면 내가 가만두지 않을 걸세." 남자들은 그런 방식으로 다른 사람들에게 자신의 행동에 대한 책임감을 느끼도록 한다.

단언컨대 그 젊은이는 소녀들에게 무언가 무책임한 행동을 하기 전에 다시 한번 생각을 할 것이다. 덩치 큰 남자는 이 소녀들을 보호하기 위해서 여성을 보살피고 보호해야 하는 모든 남자들의 의무를 이 청년에게 상기시켜준 것이었다.

또한 나는 그가 자신의 딸들이 커서 이런 일이 생길 경우 그때 다른 누군가가 그녀들을 이와 같은 방법으로 보호해 주기를 원했을 거라고 생각한다. 그러나 애석하게도 이런 남자들 사이의 책임 의식은 아주 작은 시골에서나 간혹 볼 수 있을까, 지금 우리 주위에서는 전혀 찾아볼 수 없다.

남자 아이들이 자신의 행동에 책임을 지도록 하는 일에는 여성이 중요한 역할을 한다. 내가 열두 살쯤 되었을 때 일이다. 그 당시는 긴 머리가 유행이었다. 나는 머리를 아주 길게 길렀는데 내 딴에는 아주 멋지다고 생각했다. 내 동생은 늘 부모님의 말씀대로 머리를 짧게 깎았다. 나는 수년 동안 동생의 머리를 까까머리니 대머리니 하면서 놀려댔다. 그러면 당연히 동생은 엄마에게 울면서 달려갔다.

어느 날이었다. 엄마는 동생을 놀리지 말라고  수없이 경고했음에도 내가 그 짓을 멈추지 않자, 나를 현관 구석으로 끌고가서는 바리캉을 가지고 내 아름다운 머리를 바싹 밀어버리셨다. 나는 그것이 버릇을 고치는 데 좋은 방법인지 아닌지는 잘 모르겠지만 어쨌거나 그 이후로는 절대로 동생을 놀리지 않았다. 적어도 엄마가 들을 수 있는 곳에서는 말이다.

남자들은 반드시 자신 이외의 누군가의 감독을 받아야 한다. 그리고 그 감독 아래 책임을 질 줄 알아야 한다. 그 사람이 아내가 됐든, 다른 남자가 됐든, 아니면 자신의 엄마, 아버지, 혹은 하늘의 아버지인 하나님이 됐든 말이다.

그렇지 않으면 자기 혼자만의 규칙과 행동 수칙을 만들게 되어 결국 자신이 문제의 수렁에 빠지고 만다. 《파리 대왕(Lord of the Flies)》에 그 결과가 잘 묘사되어 있다. 남자 아이들은 나이가 어릴 때부터 책임감을 배워야 하며, 자신의 행동에 대한 긍정적, 아니면 부정적인 결과를 인식해야 한다.

자녀의 행동에 따른 결과에는 일반적으로 두 가지 종류를 들 수 있다. 하나는 긍정적인 행동을 '강화'하는 방법이고, 다른 하나는 그릇된 행동에 '벌'을 주는 방법이다. 물론 긍정적인 행동을 강화하는 편이 보다 효과적이고 또 자주 사용되어야 마땅하다. 그러나 많은 행동 교정 프로그램에서 벌을 주는 방식이 효과적으로 사용되고 있음도 무시할 수 없다. 아래에서 몇 가지 벌의 종류를 살펴 보았다.

### 특권을 제한함

특권을 제한하는 방법은 매우 효과적인 벌이 될 수 있다. 이 방식은 아이의 나이와 기호에 따라서 변형될 수 있다. 예를 들어, 십대 청소년에게 휴대폰이나 컴퓨터를 쓰지 못하게 하는 방법은 아주 효과적이다. 이에 비해 초등학생들에게는 텔레비전이나 비디오 게임, 자전거, 혹은 아이가 가장 좋아하는 장난감을 금지하는 것이 훨씬 더 효과적이다.

### 타임 아웃(Time Out : 혼자 따로 벌세우기)

타임 아웃은 유치원 나이의 어린이들에게 주로 사용하는 벌이다. 타임 아웃을 당하는 아이는 자신이 가지고 놀던 장난감이나 친구들, 또 어른들로부터 떨어져 있어야 하기 때문에 이를 매우 불쾌하게 받아들인다. 그러나 이 벌은 벌을 주는 어른이 먼저 벌을 준다는 사실을 잘 인지하고 있어야만 한다. 그래야만 타임 아웃이 효과적인 결과를 가져올 수 있기 때문이다.

아이가 벌을 서는 동안 다른 사람이 말을 걸게 되면 아이는 벌을 서고 있다는 사실을 잊어버린다. 마찬가지로 아이를 방으로 들여보내는 것 또한 벌의 의미가 없다. 자기 방에서는 얼마든지 장난감을 가지고 놀 수 있기 때문이다. 이 벌을 가장 효과적으로 사용하려면, 가족이나 그 밖의 아이의 관심이 있는 것들로부터 동떨어져 있는 장소를 찾아야 한다. 의자에 앉아서 벽을 향하고 있게 하는 것도 좋다. 그러면 아이가 벌을 서는 동안 다른 사람과 대화를 할 수 없게 된다.

### 결과에 등급을 매김

때로는 결과에 등급을 두어서 책임을 점점 강하게 부과하라. 이런 식으로 부절적한 행동을 줄여가는 것도 바람직하다. 예를 들어, 처음에 그 행동을 했을 때는 하루 동안 비디오 게임을 하지 못하게 한다. 그러다 두 번째로 같은 행동을 했을 때는 하루 종일 외출을 금지한다. 그런 식으로 벌을 심화해 가는 것이다.

어른들은 아이에게 행동에 따른 결과를 사전에 분명하게 말해주어야 한다. 이런 과정에서 일관성이 무엇보다도 중요하다. 그리고 벌보다는 상을 주는 것이 훨씬 효과적이라는 사실을 기억하라. 또한 어른들의 관심을 받는 것이 아이들에게는 굉장한 의미가 있다는 사실도 염두에 두라. 즉 아이가 부적절한 행동보다는 바람직한 행동을 할 때 더 많은 시간과 관심을 쏟으라.

## 당신에게 권위가 있다는 사실을 알게 하라

자신의 부모에게 무례하게 행동하도록 방치된 아이는 다른 사람도 진심으로 존경할 줄 모른다.

작자 미상

남자 아이들은 자연적으로 권위에 도전하려는 성향이 있

다. 이는 성인이 된 후에 필요한 리더십 기술을 개발하는 하나의 과정이기도 하다. 그러나 그들은 자신이 주도적인 역할을 해야 하는 시기와 다른 사람의 지시에 따라야 할 때를 구분할 줄 모른다.

그렇기 때문에 엄마 혼자서 자녀를 키우는 가정에서는 그녀가 권위를 쥐고 가정을 이끌어야 한다. 하지만 많은 가정에서 아버지라면 당연히 가지는 권위를 엄마는 제대로 부여받지 못한다. 또 자녀들에게 엄마는 아버지처럼 두려운 존재도 되지 못한다.

당신이 혼자서 자녀를 키우는 싱글맘이라면 이를 자책한 나머지 자녀들에게 지나치게 관대할 필요가 없다. 필요하면 아이들에게 벌을 주고, 그들이 사랑을 확인받고 싶어 한다면 가슴으로 품어주어라. 당신이 지금 무엇을 하고 있는지 분명히 알고 있다는 사실을 자녀들에게 인식시켜라. 혹시 그렇지 않을 때라도 말이다.

리더십을 유지하는 방법 중의 하나는 어떠한 상황에서도 우유부단하거나, 소극적이거나, 주저하는 모습을 보여주지 않는다는 것이다. 이 말은 리더라면 지배적인 성향을 꼭 가져야 한다는 말이 아니다. 당신의 아들에게 자신이 아니라 당신이 주도권이 있다는 사실을 분명히 알게 할 필요가 있다. 당신의 주관이 흔들리는 틈을 보는 순간 그는 재빨리 당신의 권위에 도전하려고 할 것이기 때문이다.

군대에서의 장군은 어떠한 상황에서도 우유부단하거나 불분명한 태도를 취하면서 결정을 미루지 않는다. 자녀들이 자라서 결정을 내리는 일에 함께 참여할 수 있을 때까지는 당신이 작은 군대의 장군이다. 일단 결정을 내리면 밀고 나가라. 혹시 당신이 잘못된 것이 있으면 이를 시인하고 용서를 구한 후에 계속 전진하라.

권위를 확인시키는 데에는 보디랭귀지가 매우 중요하다. 대부분의 고등학교 미식축구 팀 코치는 선수들보다 키가 작다. 다음에 그들이 연습하는 것을 볼 기회가 있으면 눈여겨 보라. 코치가 이야기할 때 선수들에게 무릎을 구부리고 앉게 한다. 그러면 선수들이 코치를 내려다 보는 것이 아니라 올려다 보게 된다. 이와 같이 키가 큰 당신의 아들과 대화할 때도 무릎을 굽히고 앉게 하거나 의자에 앉히고 이야기하라. 그러면 비굴한 자세로 아들을 올려 보는 대신 아래로 내려 보거나 적어도 눈높이를 맞추고서 대화할 수 있다.

게다가 남자들은 여성의 예측할 수 없는 성향을 아주 무서워한다. "엄마가 이상해요"라고 아들이 겁에 질려서 얘기할 때면 나는 무슨 일이 벌어졌는지 직감적으로 알 수 있다.

완다와 그녀의 남편은 아기를 가질 수 없었다. 그래서 둘은 자녀를 입양하기로 결정한 후 세 명의 혼혈 남자 아이들을 데려왔다. 그중 두 명은 서로 형제였다. 그런데 완다는 아이들을 입양한 지 얼마 되지 않아 임신을 해서 아들을 낳았다. 그리고 3년이 지났다. 완다의 남편은 더 이상 가족을 부양하기를 원치 않았다. 결국 완다의 남편은 완다와 네 아들만 남겨놓은 채 집을 나가버렸다. 그 후 10년 동안 완다는 정말로 힘든 나날을 보냈다.

그녀에게 닥친 가장 큰 문제는 돈이었다. "네 명의 남자 아이를 먹이기란 정말 보통 일이 아니었어요. 그래도 딸이 없었던 게 다행이지요. 딸들은 남자 아이보다 훨씬 더 돈 들어 갈 데가 많거든요. 옷이나 그 밖에 다른 것들 말이에요."

완다는 그녀의 아들들이 자신에게 아주 충성스럽다고 말했다. 그들은 한 번도 가난하다고 불평한 적이 없었으며, 조금 커서는 스스로 나가서 직업을 구했다.

그러던 어느 날, 한 아들이 사립 미식축구 팀에 뽑혔는데 완다는 비용을 지불할 능력이 없었다. 한 지역 교회의 목사가 비용을 기부하겠다고 나서자 완다는 이를 거절했다. "전 정말 바보스러울 정도로 자존심이 강했어요. 그래서 자선을 받아들일 수가 없었죠." 그러나 결국 완다는 그 돈을 받았고, 그 교회에 아이들을 데리고 나가게 되었다.

완다의 아들들은 이제 모두 20대 중반에서 후반의 성인이 되었다. 그들은 모두 자기 분야에서 성공했으나 안타깝게도 한 명이 약물 중독에 시달리고 있었다. 완다는 자신의 경험을 통해 혼자서 아들을 키우는 싱글맘들에게 아래와 같은 충고를 했다.

❶ 남자 아이들은 기가 세고 활동적이며 제멋대로라 다루기가 어렵기 때문에 항상 확실히 지켜봐야 한다. 그들이 무엇을 하는 중인지 항상 알고 있어야 한다. 외출할 때도 어디에서 누구와 무엇을 하러 가는지 꼭 확인하는 것이 좋다.

❷ 절대로 포기하지 마라. 나는 아들을 남자로 키우는 것이지 남자 아이로 키우는 것이 아니라고 아이들에게 강조하라.

❸ 말로만 협박하지 말고 한 번 뱉은 말은 반드시 지켜라. 그렇게 하려면 말할 때 매우 조심스럽게 해야 한다.

❹ 아이들의 성격을 하나하나 파악하라.

아내가 무엇엔가 굉장히 화가 나 있으면 아들과 나는 폭풍이 지나갈 때까지 어딘가에 조용히 숨어 있어야 한다는 사실을 너무나 잘 안다. 프랭크는 아내보다 키가 30cm나 더 크고 몸무게도 40kg이나 더 나간다. 그렇지만 그는 엄마가 화가 나면 무슨 일이든지 할 수 있음을 너무나 잘 알기 때문에 매우 조심한다.

어떤 때 남자 아이들은 아주 게을러져서 자신이 맡은 일에 무책임하거나 전혀 마음에 들지 않게 행동할 때도 있다. 자녀가 드러내놓고 반항적인 행동을 하려고 시도할 때에 가장 좋은 방법은 아주 강하면서도 부드럽게 대하는 것이다. 소리를 지르거나 식탁을 주먹으로 치는 대신 조용한 목소리로 이렇게 말하라. "그렇게 하지 않는 게 좋을 걸." 그러고는 시간이 조금 지날 때까지 그냥 내버려 둬라.

그러고 나서 며칠 뒤에 아들이 당신에게 와서 용돈을 달라거나, 차로 어디까지 태워 달라거나 할 때가 오면 그 순간이 바로 최후의 심판일이다 생각하고 부드럽게 그리고 아주 간단하게 대답하라. "지난번에 내가 말한 것 기억하니? 후회할 거라고 했지? 바로 지금을 두고 말했던 거야." 그러면 당신 아들은 아주 많이 화가 날 것이다. 이 상황은 물론 당신에게도 쉽지 않을 것이다. 그러나 그러면서 아들에게 행동에 대한 결과가 삶에서 어떻게 나타나는지를 자연스럽게 가르쳐줄 수 있는 것이다.

## 분노를 조절하는 힘을 길러줘라

우리는 무의식중에 자녀에게 보내는 메시지를 잘 인식하지 못한다. "남자는 안 우는 거야"라든지 "그만 좀 질질 짜라"는 말은 남자는 자신의 감정을 내보이면 안 된다는 우리 사회의 신조를 반영한 것이다. 남자는 본질적으로 여자에 비해 덜 감정적이다. 또 그렇게 키워져 왔다. 그래서 아들을 자신의 감정을 잘 이해하는 남자로 키우는 데는 부모의 책임이 아주 크다.

엘리제 소른 칼린(Elyse Zorn Karlin),
《아들을 키우는 법(Sons: A Mother's Manual)》

분노 또한 하나님이 주신 감정 가운데 하나이다. 성경에서는 사랑에 관한 말이 자주 언급되었지만 분노는 다른 감정들을 감추기 위한 이차적인 감정으로 종종 사용되었다.

게리(Gary)와 케리 올리버(Carrie Oliver)는 남자들의 분노에 대해서 다음과 같이 말했다.

"남자들은 다른 많은 감정들을 경험함에도 불구하고 종종 분노라는 감정만 표면으로 떠오른다. 바로 그 표면 아래에는 더 많은 깊은 감정들이 깔려 있는데도 —— 분노라는 이름으로 표면에 드러난 감정의 밑바닥에는(종종 아주 깊이 파묻혀 있기도 하다) 두려움·상처·좌절·실망·연약함·사랑에 대한 갈망 등이 깔려있는데도 —— 이것들을 규명하고 인정하려 들지 않고 있다.

남자 아이들은 아주 어렸을 때부터 여러 가지 고통스러운 감정에서 벗어나는 데에는 분노가 도움이 된다는 사실을 알게 된다. 분노는 자신을 좌절과 상처에서 좀더 안전하게 보호해 주며, 고통을 피하거나 적어도 최소화할 수 있도록 도와준다.

또 분노는 급격한 에너지의 증가를 가져다준다. 이는 상처받기 쉽고 연약한 자아를 감소시키고 안정감을 증가시켜 주기 때문이다. 게다가 자기 자신에게 화를 내는 것이 당연하다는 말로 위안한다. 간단히 말하면, 남자 아이들은 고통보다는 분노를 느끼는 편이 훨씬 더 쉽다는 사실을 아주 빨리 배운다는 것이다."

아버지가 알코올 중독자인 가정에서 자란 나는 항상 두려움 가운데 사는 것이 익숙해져 있었다. 언제 앰뷸런스가 우리 집앞에 올지, 순진한 얼굴을 하고 있던 아버지가 또 어떤 이유 아닌 이유를 들이대며 우리에게 해를 입힐지 아무것도 예측할 수 없는 환경에서 자랐다.

그렇기 때문에 아버지가 술이 덜 깼을 때 집안에서 시끄럽게 했다가는 혼쭐이 난다는 사실은 너무도 당연했다. 나는 지금까지도 갑작스럽게 큰 소음이 나면 두려워진다. 어렸을 때, 나는 한 번도 내가 밟고 있는 땅이 단단하다고 느껴본 적이 없었고, 언제 내 발밑에 있는 카펫이 확 잡아당겨질지 모르는 불안한 환경에서 살았다.

그러던 어느 날 나는 분노가 나의 두려움을 정복했음을 깨닫게 되었다. 나는 혐오스러운 두려움을 다시 대면하고 싶지 않아서 화를 터뜨렸다. 몸집이 어느 정도 커지자, 내가 화를 내면 동생들과 심지어 엄마까지도 아버지의 폭력에서 보호가 되었다. 내가 속으로 다짐했던 말이 기억난다. '다시는 그 어떤 것이나 누구도 무서워하지 않을 거야.'

　물론 그건 말도 안 되는 생각이었다. 나는 어른이 된 후에도 많은 일들을 두려워하는 가운데 지냈다. 나는 그저 두려움을 분노로 포장했던 것이다. 불행하게도 두려움은 아주 외로운 동반자이다. 내가 분노의 힘을 이해하고 그로 인해 두려움에서 벗어날 수 있었던 순간을 나는 아직도 뚜렷이 기억한다.

　그러나 분노도 적절한 방법으로 표출이 되면 생산적인 것이 될 수 있다. 내가 처음 사업을 시작했을 때, 나는 우리 회사 제품을 들고 장래 고객이 될만한 사람들을 찾아다니면서 광고를 했다. 그중 한 사람은 은행의 부행장으로 환경 문제를 책임지고 있었다. 그는 내가 우리 회사의 서비스와 제품의 질에 대해 30분 동안 이야기하는 것을 듣고 있더니 갑자기 내 말을 끊고서 아주 불쾌하게 뚱딴지같은 말을 했다.

　"당신은 절대 성공할 수 없을 거요. 당신도 그저 아무데나 깔린 사기꾼들 가운데의 하나에 불과하다고! 내가 한 마디 충고해두겠는데 절대 이 고장에서는 일하지 못할 거요."

　너무나 놀란 나는 마치 아무 이유도 없이 적의 기습을 당한 것 같은 기분이었다. 나는 꼬리를 내린 강아지처럼 기가 죽어서 그의 사무실을 기어 나왔다. 그리고 나서는 한 이틀 동안 자신이 너무 비참하게 느껴졌다. 그러다 갑자기 화가 치밀어 올라 혼자말로 이렇게 중얼거렸다. ‘도대체 자기가 뭔데? 누가 정말 사기꾼인지 증명하고야 말겠어!’ 그 일을 계기로 해서 나는 무슨 일이든지 성공하고야 말겠다는 결심을 하게 됐다.

왜 그 사람이 나를 그렇게 싫어했는지 이유는 전혀 알 수가 없었다. 그러나 15년이 지난 지금, 그는 어디로 갔는지 알 수 없지만 나는 사업을 성공적으로 이끌어 가고 있다. 그 이후로 나는 일이 하기 싫을 때면 그날의 사건을 꼭 떠올렸다. 그러면 갑자기 힘이 생겨 그때까지 하기 싫었던 자질구레한 일들을 깨끗이 처리할 수 있었다.

그러나 남자들이 자신의 분노를 조절하지 못하면, 그것은 폭력으로 발전한다. 남자 아이들은 항상 여자 아이들보다 더 폭력적이다. 게다가 최근 수년 동안에 이러한 폭력성이 더욱 증가했다. 특히(반드시 그런 것을 아니지만) 아버지가 물리적으로나 정서적으로 부재한 가정에서 더 높은 증가율을 보인다. 이러한 폭력의 원인은 젊은이들이 자신의 분노를 조절하지 못하는 데에서 찾아볼 수 있다.

메리 케이 블레이클리(Mary Kay Blakely)는 《미국 어머니들(American Mom)》에서 다음과 같이 말했다.

“엄마의 교육 방침이 얼마나 효과적이었는지는 20년, 어떤 때는 더 시간이 흐른 후에야 알 수 있다. 게다가 전혀 생각지도 못한 결과가 나올 수도 있다. 한 신문사는 엄마들이 가장 두려워하는 질문을 이렇게 한 적이 있다. '내 귀여운 아들이 과연 폭력적인 사람이 될 수 있을까? 내 아들은 정말로 내가 생각하는 그대로 될까?'"

분노는 파괴적인 감정이다. 누군가에 대한 사랑이 크면 클수록 그를 혹은 그녀를 향해서 경험하는 감정의 폭이 커진다. 거기에는 짜증·후회·화냄·분노 등의 파괴적인 감정들도 포함된다.

만약 당신이 혼자서 자녀를 키우는 엄마일 경우, 아들이 자주 당신에게 화를 낸다면 거기에는 분명히 아주 논리적인 이유가 있을 것이다. 당신 아들이 이 세상에서 가장 무서워하는 일이 현실로 일어났기 때문이다. 그건 바로 아버지를 잃은 점이고 가족이 파괴된 것이며, 이 모든 일은 자신의 의지와 상관없이 일어났다는 사실이다. 그가 화를 내는 이유는 아마도 자신의 두려움과 상처와 좌절 그리고 실망과 같은 감정들을 감추기 위해서일 것이다. 그렇지 않으면 다른 사람 혹은 다른 일로 화가 나자 이것을 아무 잘못도 없는 당신에게 푸는 형태로 나타날 수도 있다. 이때 당신은 아들에게 그 분노는 다른 감정들을 대변하는 이차적인 감정임을 알게 해

줄 필요가 있다. 그가 정말로 느끼는 것이 무엇인지를 스스로 찾도록 도와주고, 다음에는 이런 파괴적인 가능성이 있는 감정을 이해하고 조절할 수 있도록 가르쳐야 한다.

당신의 아들이 하루 종일 화가 나 있고 우울해 하며, 또 계속 누군가와 싸우고, 자기보다 약한 아이들이나 동물들을 놀리고 함부로 대하는 성향을 보이면 그땐 전문가에게 도움을 요청하라.


## 일하는 것을 가르쳐라

자신이 원하는 것들을 만들어 내면서 노동을 하는 남자가 진실로 살아 있는 사람이다. 그는 그 일을 하면서 자신의 육체뿐 아니라 마음과 영혼의 에너지를 사용하기 때문이다. 기억과 상상력이 일을 하는 데 도움이 된다. 단지 그 자신의 생각뿐 아니라 이전 세대의 생각들도 그를 인도할 것이다. 그는 인류의 한 부분으로서 창조의 작업을 담당하게 된다. 우리는 일함으로써 남자가 되고 행복하고 보람된 인생을 살 수 있다.

윌리엄 모리스(William Morris)

노동은 남성의 기본적인 특성 중 하나이다. 남자는 일을 해야 하며 일을 하도록 만들어졌다. 일을 함으로써 성취감과 만족감을 얻으며 긍정적인 자아상을 만든다. 나도 사업이 잘 되고 열심히 일할 때는 자신이 괜찮은 남자로 느껴진다. 내가 열심히 일해서 가족을 부양할 때는 자신이 더욱 남자답게 느껴진다. 물론 이는 하는 일이 무엇이냐에 따라 내가 누군지 결정되는 것과는 또 다르다. 남자 아이들 또한 마찬가지이다. 그들도 긍정적인 자아상이 필요하다. 그들도 일에 매달려서 이마에 땀을 흘리며 그 작업을 끝마쳤을 때 비로소 긍정적 자아상을 얻게 되는 것이다.

노동은 남자들에게 삶의 의미를 준다. 죠제프 콘래드(Joseph Conrad)는 그의 저서 《어두움의 본질(Heart of Darkness)》에서 다음과 같이 이야기한다.

"나는 일하기를 좋아하지 않는다. 일하는 것을 좋아하는 남자는 이 세상에 아무도 없다. 그러나 때로는 일하는 가운데에서 자신을 발견할 수 있는 기회를 얻을 수 있어 좋다. 그건 바로 다른 사람을 위해서가 아니라 나 자신을 위해 인간으로서는 도저히 알 수 없는 자신의 실체를 발견할 수 있는 기회를 얻기 때문이다."

아주 어렸을 때부터 아들에게 집안일을 맡겨라. 이는 그

| 연령별로 적당한 집안일 | |
| --- | --- |
| 2세에서 3세 | 옷을 옷장에 집어넣기<br>장난감 정리하기<br>애완동물에게 밥주는 것 도와주기 |
| 4세에서 5세 | 침대 정리하기<br>식탁에 수저 놓기, 식사 후에 그릇 나르기<br>가구의 먼지 털기<br>장본 것을 차에서 꺼내는 일 돕기 |
| 6세에서 12세 | 애완동물 돌보기<br>간단한 음식 만들기<br>자동차 세차하는 것 돕기<br>집안 청소하기<br>화장실 청소하기<br>세탁하기<br>쓰레기 내놓기 |
| 13세 이상 | 창문 닦기<br>가스레인지와 오븐 청소하기<br>식사 준비하기 |

들을 바쁘게 움직이게 하고 또 일하는 윤리와 책임감을 가르쳐주며, 집안일에 참여함으로써 가족에 대해, 또 집안에 대해 주인의식을 느끼게 해준다. 집안일을 돕는 것이 가족에 기여하는 일이라는 사실을 배우지 못한 남자 아이들은 이후

에 만나는 다른 여성들에게도 대접 받기만을 기대한다.

한 여성이 최근에 나에게 이런 질문을 했다. "왜 어떤 남편들은 아내가 늘 자기를 기다려주길 기대하는 거죠? 엄마가 늘 그랬기 때문에? 이제는 며느리를 대신해서 시어머니가 할 수 없잖아요?" 맞는 말이다.

어릴 적부터 용돈을 조금씩 주면서 돈 관리하는 법을 아들에게 가르쳐라. 다음에 가정을 꾸리게 되면 예산 세우는 법을 알아야 하기 때문이다. 만약 용돈을 줄 형편이 되지 않으면 아들이 좋아하는 음식을 일한 대가로 만들어주는 방법도 좋다. 남자들은 나이의 고하를 막론하고 그들이 즐겨하는 음식을 보상으로 받길 좋아한다. 돈이 중요한 것이 아니라 그가 하루 동안 한 일의 보상을 받는다는 개념이 더 중요하다.

당신이 아들을 위해서 음식이나 그 밖의 무언가 특별한 것을 준비할 때는, 그가 한 일에 대한 고마움의 표시임을 말해주어라. 흔히 남자들은 직접 상기시켜주지 않으면 원인과 결과에 따르는 관계를 인식하지 못한다.

예를 들어 나는 종종 아내에게 특별한 이유 없이 꽃을 선물한다. 그저 선물을 준지 꽤 오래 됐거나, 아내를 사랑하기 때문에 주는 것이다. 꽃을 받고난 아내는 얼마 지나지 않아내가 좋아하는 음식을 만들어준다. 그때쯤 되면 나는 내가 아내에게 꽃을 준 사실조차도 이미 잊고 있다. 그래서 내가 아내를 기쁘게 해줬기 때문에 그녀가 나에게 특별한 대접을 해준다는 사실을 연관시키지 못한다.

아들에게 자신의 집을 꾸려나가는 꿈을 심어주어라. 마당을 정리하게 하거나, 수리공을 돕게 하거나, 아니면 무언가에 페인트칠을 하게 함으로써 남자들이 해야 할 일을 시켜라. 그러면 자녀는 훨씬 행복해 하고 만족해 하며 자신이 남자가 되어간다는 사실에 흡족해 할 것이다.

# 위대한 남자가 되기 위해서는 무엇을 배워야 하나?

하나님께서는 남자를 창조하셨다!
지금과 같은 시대에는 강한 정신과 위대한 용기,
그리고 진정한 믿음과 섬기는 자세로 무장된 남자들이 필요하다.
업무의 진흙탕 속에서도 꿋꿋하게 살아남으며,
세상의 부정부패에 물들지 않으며,
자신의 소신과 강한 의지를 꺾지 않는 남자,
자신의 명예를 소중히 여기고 거짓을 행하지 않는 남자가 필요하다.

조시아 길버트 홀란드(Josiah Gilbert Holland), 《*이런 사람 없나요?(Wanted)*》

## 남자란 무엇인가?

우리는 누군가의 이름을 듣는 동시에 즉각적으로 그 사

람의 여러 가지 특성을 마음에 떠올린다. '위대한 남자' 이 말을 들으니 어떤 특성이 가장 먼저 생각나는가? 아래에 내가 생각하는 위대한 남자를 정리해 보았다. 나는 아직도 그때 일어난 일을 생각하면 온몸에 소름이 끼친다.

9·11 테러가 있은 다음 주 금요일에 나는 친한 친구 짐(Jim)과 점심식사 약속이 있었다. 짐은 이곳 오리건 주에 있는 조그만 새 교회의 목사이다. 우리가 음식을 주문하려고 줄을 서 있을 때, 짐이 내게로 몸을 가까이 대고 속삭였다. "난 정오가 되면 부시(Bush) 대통령이 요청한 대로 소리 내서 기도를 할 작정이네. 그런데 어떻게 해야 할지……. 어디 좀 좋은 의견 없나?" 나는 조금 딱딱하게 그러나 진심으로 말했다. "아니 없어. 자네가 나보다 더 잘 알 걸."

정오가 다가오자 짐은 자리에서 일어나 식당에 있는 사람들에게 큰 소리로 말했다. "다들 여기를 좀 봐주시겠어요. 부시 대통령은 오늘 12시, 전 국민에게 나라를 위해서 기도해 달라고 부탁했습니다. 여러분만 괜찮으시다면, 저희는 이 자리에서 기도를 하겠습니다. 누구든지 원하시면 함께 와서 기도해도 좋습니다."

짐이 말을 마치자 모두들 조용했다. 솔직히 말해서 나는 조금 창피한 생각까지 들었다. 짐이 자리에 앉고서 우리는 정오가 될 때까지 5분 정도 기다렸다. 그때까지는 아무도 우리 자리로 오지 않았다. 짐이 막 기도를 시작하려고 할 때에 한 여성이 자신의 어린 아들을 데리고 우리 자리로 와서 물었다. "저도 함께 기도해도 될까요? 아주 위대한 생각인 것 같아요."

드디어 시간이 되자 짐은 큰 소리로 기도하기 시작했다. 우리가 고개를 숙인 채로 함께 기도하고 있는 동안 한두 명이 더 의자를 가지고 우리 자리로 옮기는 소리가 들렸다. 짐은 큰 소리로 나라를 위해서, 대통령과 그 밖의 지도자들을 위해서, 또 군대의 지휘자들과 희생자들의 가족을 위해서 기도했다. 그는 마음을 다해서 간절하게 기도했다. 어림잡아서 20분은 기도한 것 같았다. 그러는 동안에는 사람들의 대화 소리나 음악 소리, 심지어는 문이 열리거나 닫히는 소리도 전혀 없었다.

짐의 기도가 끝나자 나는 눈을 떠서 주위를 둘러보고 너무나 깜짝 놀랐다. 식당에 있는 모든 사람들, 요리사와 직원들까지 포함해서 아마 25명쯤 되는 사람들이 모두 우리 식탁 주위에 모여 있었다. 눈에 눈물을 글썽이고 있는 사람들도 많았다. 주인은 우리가 기도하는 동안 하루 중 가장 바쁜 영업시간이었음에도 불구하고 식당 문을 닫았다. 식당 주인은 눈물을 글썽이며 우리에게 다가와서 말했다. "정말 고마워요. 언제든지 원하면 우리 식당에 와서 기도해도 좋아요."

한 사람의 용기와 리더십으로 인해 그 식당에 있던 모든 사람들이 하던 일을 멈추고 기도를 했다. 이는 문자 그대로, 내가 본 중에 가장 남자다운 행동이었다. 그 후 나는 짐의 이름을 듣거나 말할 때면 언제나 그의 용기 있고 리더다운 그날의 행동을 떠올린다. 특히 제일 먼저 아들과 함께 우리 자리로 왔던 젊은 엄마를 생각할 때면 마음이 흐뭇해진다. 그녀는 모든 사람들이 조용히 침묵하고 있을 때 제일 먼저 나서서 행동으로 옮기는 용기를 보여주었다. 짐과 또 자신의 엄마가 보여준 용기 있는 행동을 목격한 그 남자 아이는 참으로 복되다.

우리가 소원하는 바를 말로 표현하라고 하는 이야기를 주위에서 많이 들었다. 예를 들어 당신이 어떤 사람에게 용감하다고 이야기해 주면 이는 그 사람이 실제로 용감한 사람이 되도록 돕는 것이다. 이를 마음에 두고, 당신의 아들에게 있었으면 하는 자질들을 계속해서 그에게 들려주어라. 즉 용기 있는, 충성된, 정직한, 강한, 부드러운, 사랑이 많은 등의 바람직한 성향들을 말해주어라. 그리고 당신이 평소 아들의 개발하고 싶어 하는 자질들을 그에게 계속 상기시켜

주어라. 그런 자질을 가진 사람들을 보여주어서 아들이 그들의 행동을 관찰하고 배우게 하라. 정말 운이 좋아서 짐과 같은 행동을 하는 사람을 볼 기회가 생겼다면, 아들과 이에 대해서 대화를 나누어라.

웰터 쉬라(Walter Schirra)경은 이에 관해 다음과 같이 표현했다.

"당신은 영웅을 키우는 게 아니라 아들을 키우는 것이다. 그들을 진정한 아들로 대한다면 그들은 영웅으로 자라날 것이다. 적어도 당신에게만이라도."

남자 아이들은 당신이 격려하고 고무한 그대로 될 것이다. 남자의 인생에서 기본적인 역할은 가족을 부양하고 보호하는 것이다. 이러한 역할을 감당하려면 먼저 성품이 개발되어야 한다.

이 글을 읽는 많은 독자들은 주변에서 이런 기본적인 역할을 감당하지 못하는 남성들을 본 적이 있을 것이다. 강연 도중 항상 나는 혼자서 가족을 부양하는 엄마들에게 남성다운 자질이 무엇이라고 생각하는지를 질문한다. 그들은 특별히 자신의 인생에 영향을 끼친 남성들에게 결핍된 자질들을 말하는데, 그것은 거의가 아주 좋은 대답이 된다.

아래에 내가 생각하기에 남자들이 꼭 갖춰야 할 자질들

이라고 여겨지는 것을 특정한 순서 없이 적어 보았다. 강연에 참석한 엄마들이 제안한 내용들을 참고로 했다. 자신의 아들이 위대한 남자가 되기를 원하는 엄마라면 이러한 자질들을 자녀에게 키워줄 필요가 있다.

## 인내심

다른 사람을 비난하거나, 강한 남성이 어떻게 실패했는지 지적하거나, 남이 한 행동을 평가하는 사람은 인정받지 못한다.

우리는 실재 삶의 현장에서 얼굴에 먼지를 뒤집어쓰고, 땀과 피를 흘려서 열심히 일하는 사람들을 높이 산다. 그들은 실수를 거듭하면서도 위대한 열정을 잃지 않으며, 가치가 있는 일에 자신을 바쳐 깊이 헌신할 줄 안다.

최선의 경우 그들은 빛나는 성공과 승리를 얻을 것이며, 최악의 경우 실패한다 하더라도 그 뛰어난 용기를 인정받아야 한다. 그의 자리는 실패도 성공도 모르는 차갑고 희미한 영혼을 소유한 사람들과 함께하는 곳이 아니다.

시어도어 루즈벨트(Theodore Roosevelt)

인내하는 성품은 우리 사회에서 좀처럼 찾아보기 어렵다. 나는 지난 15년간 개인사업을 운영해왔다. 그동안 내가 사는 지역에서만도 수없이 많은 회사들이 생겼다가 사라졌다. 내가 아직도 사업을 할 수 있는 까닭은 나 자신이 다른 사람들보다 더 똑똑하거나, 더 열심히 일했거나, 운이 좋아서가 아니다. 어려운 기간 동안 인내로 견뎠던 것이 가장 큰 이유 중에 하나였다. 물론 내가 이룩한 모든 성공은 주님의 은혜와 축복 덕분임을 믿는다.

위대함은 역경에 직면해서 끈기 있게 참아냈을 때 얻어진다. 그보다 더 가치 있는 일은 많지 않기 때문이다. 캘빈 쿨리지(Calvin Coolidge)가 말한 것처럼 말이다.

"이 세상의 그 어느 것도 인내를 당해낼 수 없다. 재능도 마찬가지다. 재능 있는 수많은 사람들이 성공하지 못하는 것이 다반사이다. 천재도 마찬가지다. 꽃피지 못한 천재는 사람들의 기억 속에 묻혀버린 옛날 이야기와도 같다. 교육도 마찬가지다. 세상은 교육받은 낙오자들로 가득 차 있다. 그러나 인내와 결단으로 무장한 사람은 무엇이든 할 수 있다. 끝까지 밀어붙이는 것이야말로 지금까지 인류의 모든 문제를 해결하는 열쇠였고 앞으로도 그럴 것이다."

결혼 생활을 하고 가정을 꾸려나갈 때도 어려운 시간들을 만나기 마련이다. 따라서 남자 아이들은 이후의 인생에서 만날 역경과 험난한 시기를 극복할 수 있도록 인내를 배워야 한다. 인내는 아마도 아들에게 가르쳐야 할 가장 어려운 덕목 가운데 하나일 것이다. 자녀가 힘들어할 때 달려들어서 구해주고 싶은 충동을 꾹 누르는 것이 어찌 쉽겠는가.

요즘 사람들, 특히 남자들은 뭐든지 쉽게 그만둔다. 난관에 부딪히든지 환경이 열악해지면 직장·결혼·운동·학교 심지어 생명까지도 쉽게 끊어버린다. 예전에는 그렇지 않았다. 나는 대학을 갓 졸업한 청년들을 꽤 많이 고용해봤다. 그들은 지난 25년 동안 계속해서 일한 자신의 아버지 세대와 똑같은 봉급과 근무 조건, 직위를 받을 자격이 있다고 스스로 생각한다. 그러나 그것이 즉각 만족되지 않으면 당장 그만둔다. 즉각적인 만족을 요구하는 오늘날과 같은 시대에, 자신의 의무를 이행한다는 개념은 가능한한 많은 물질을 최대한 얻으려는 성급함 속에서 이미 사라진지 오래인 것이다.

앞에서 남자 아이들이 중도에 너무 쉽게 그만두지 않도록 하는 것에 관해 거론한 바 있다. 바로 인내가 그 무언가를 그만두지 않는 기술이다. 어려운 환경을 극복했을 때 보상이 기다리고 있음을 아들이 이해할 수 있도록 도와주어라.

가치 있는 과제에 뛰어들어서 이를 끝마치는 과정 중에 겪는 고난을 스스로 감당하게 내버려둬라. 우리 부모들은 아이들이 자라는 동안 겪는 모든 종류의 고난 가운데서 그들을 구해내려고 함으로써 결과적으로 엄청난 해를 끼친다. 모성애의 본능으로 자녀를 모든 고난과 어려움에서 보호해 주려는 노력은 자녀의 성격 형성에도 부정적인 영향을 끼친다.

인내는 강한 성품을 기르는 데 빼놓을 수 없는 중요한 자질이다. 또한 강한 성품이야말로 남자가 가진 유일한 것이요, 또 그에게서 절대 빼앗을 수 없는 것이다.


## 충성심

나는 아주 이기적인 영혼의 소유자요. 시대의 유행을 따라 살면서 모든 계획의 중심이 나 자신이었소. 그러나 당신처럼 독특하면서도 독립적이며 드넓은 영혼을 가진 사람이 충성스럽게 그리고 용서하며, 또 자신을 희생하면서 기꺼이 나의 인생에 동반자가 되었는지. 그렇게 위대한 일을 이룰 수 있는 것은 이 세상에 사랑밖에는 없을 것이요.

우드로우 윌슨(Woodrow Wilson)

위의 글은 우드로우 윌슨이 자신의 아내 엘렌(Ellen)에게 1913년 9월 23일에 보낸 편지 중 일부이다. 그의 아내는 가족을 위해 직업을 포기했다. 윌슨은 아내가 자신을 위해 얼마나 희생적이었는지 너무나 잘 알고 있었다. 이 편지는 아내를 향한 그의 마음을 너무나 잘 드러내준다. 엘렌은 이 편지를 받고 1년 후에 사망했다.

이 편지에서 재미 있는 사실은 윌슨이 용서와 자기 희생을 충성심과 똑같이 취급했다는 것이다. 이러한 자질들은 많은 엄마들이 자신의 가족들에게 보여주는 것이다.

우리 교회의 스튜 웨버(Stu Weber) 목사님이 다음과 같이 말씀하시는 것을 처음으로 들었을 때 나는 깜짝 놀랐다. "이 세상에는 목숨보다 더 가치 있는 것들이 있습니다. 바로 충성심이나 자유 같은 것들이지요." 그의 말이 맞다. 심지어 오늘날에도, 아니 요즘 같은 때에는 더더욱 목숨을 바칠만한 가치가 있는 일들이 많다. 그저 오늘날의 사회 풍조에서 그런 말들을 좀처럼 하지 않는 것뿐이다.

그렇다면 어떻게 충성심을 개발하는가? 바로 충성의 본을 보여줌으로써 충성심을 가르칠 수 있다. 당신의 아들은 엄마가 진심으로 아들이 잘 되기를 바란다는 사실을 믿고 있는가? 심지어 남들이 다 하는 것을 당신이 허락하지 않기 때문에 잔뜩 화가 났을 때라도 말이다. 모든 사람들이 등을 돌려도 당신만은 아들의 편임을 알고 있는가? 엄마가 자신을 위해서라면 죽음이라도 불사할 것이라는 사실을 알고 있는가? 이를 아들이 분명히 알게 하라. 누군가 자신을 목숨을 다해서 사랑한다는 사실을 아는 것은 매우 중요하다.

엘렌 윌슨이 어떻게 해서 충성심을 배우게 되었든지 간에 그녀는 남편에게 이를 보여주었고, 남편은 그녀의 충성심에 깊이 감사했다.

하나님은 충성스러운 사람들을 축복하신다. 나도 마찬가지이다. 다른 사람들이 다 돌아서더라도 나와 함께 할 사람. 내가 누군지 잘 알면서도 날 사랑할 수 있는 사람. 내가 실패할지라도 나를 향한 믿음을 버리지 않는 사람. 나는 내 인생에서 이런 사람들을 만나고 싶다.

## 예절

자신에게 아무런 가치도 없는 사람들을 존중할 수 있는가가 신사가 되는 마지막 시험이다.

윌리엄 라이온 펠프스(William Lyon Phelps)

아들에게 다른 사람들을 어떻게 대해야 하는지 가르쳐라. 정중함은 아주 좋은 예절이며, 이 예절은 시대에 따라 변하지 않는다는 것을 가르쳐라. 예절은 상대방의 지위나 태도에 관계없이 그 사람을 존중하고 있음을 표현한다.

아마 남자 아이한테 가르칠 수 있는 최고의 예절은 보이스카우트 신조에서 찾아볼 수 있을 것이다. "나는 항상 정직하고, 충성스러우며, 남을 도와주고, 예절 바르고, 친절하며, 순종하고, 명랑하며, 근검절약하고, 용감하고, 깔끔하고, 공손할 것을 나 자신의 명예를 걸고 맹세합니다." 젊은이들의 마음에 불어넣어 주기에 참으로 좋은 신조가 아닌가.

우리는 제각기 하나님께 각종 은사를 받았다. 어떤 사람은 운동에 뛰어나며, 어떤 사람은 고도의 지능이 있다. 또 어떤 사람은 언변이나 문장을 구사하는 데 재능이 있으며, 우리 중 일부는 위대한 지도자의 기질을 타고났다. 내 아이들에게 하나님께서 어떤 재능들을 주셨나 찾아보던 중, 나는 아들 프랭크에게 사람들의 호감을 사는 재능이 있음을 발견했다. 우리가 어느 곳에 가든지, 어떤 상황에 처하든지 간에 아주 짧은 시간 안에 사람들은 그에게 빨려들고 또 그를 좋아하게 된다. 지난 몇 년간 내가 관찰한 바에 따르면, 그 이유 중 하나는 그가 항상 모든 사람들을 정중하게 대했다는 사실이다. 물론 자기 누나를 제외하고는.

상대방이 무례하게 굴어도 그는 여전히 공손한 태도를 유지했다. 그러면 결국에 가서는 상대방도 그에게 친절하게 대하게 된다. 그가 어디서 이런 재능을 배웠는지는 나도 잘 모르겠다. 그렇지만 내게서 배우지 않았음은 분명하다. 어쨌거나 그의 정중함은 아주 효과가 있었다. 그 결과로 사람들은 그와 함께 시간을 보내고 싶어 하고, 돕고 싶어 하며, 그가 성공하기를 진심으로 바랬다. 정중하고 예절바른 프랭크의 성품은 그가 무엇을 하든지 간에 어쩌면 닫힐 수도 있는 기회의 문들을 열어줄 것이다.


## 용기

악에게 승리를 가져다주는 유일한 방법은 가만히 손놓고 있는 것이다.

에드먼드 버크(Edmund Burke)


세계무역센터의 생존자들이 입을 모아서 이야기하던 젊은이가 있었다. 그 젊은 청년은 연기와 공포로 난장판이 된

건물에서 사람들을 안전하게 탈출시켰다고 한다. 사람들은 이 젊은이의 이름은 몰랐지만 그가 얼굴에 붉은색 손수건을 묶고 있었다는 사실만은 기억했다.

이 붉은 손수건 청년은 한 시간 이상이나 소리치면서 사람들을 계단을 통해 밖으로 대피시켰다. "나가는 계단을 찾았어요! 절 따라오세요!" 그는 한 여성을 15층에서부터 등에 업은 채로 사람들과 함께 데리고 내려왔다. 사람들이 안전하게 내려간 것을 확인한 후 자신은 다른 사람들을 구하러 다시 올라갔다. 위층에는 심하게 부상을 당한 여성이 난방기 위에 걸터앉아 있었다. 붉은 손수건 청년은 그 여인에게 소리쳤다. "절 따라오세요! 안전한 길을 알고 있어요. 제가 데려다 드릴게요." 그렇게 그 외의 또 몇 명의 생존자들을 계단을 통해 안전하게 밖으로 데리고 나왔다. 그러나 그 후에 그를 다시 본 사람은 아무도 없었다.

6개월 후인 2002년 3월 19일, 110층 건물의 무너진 파편 아래에서 붉은 손수건을 두른 남자의 시신이 하나도 손상되지 않은 채로 발견되었다. 그의 시신은 건물 입구의 임시 대책반이 있었던 곳에서 소방수들의 시체와 함께 묻혀 있었다.

이 이야기가 차차 알려지면서, 그가 웰스 크로우서(Welles Crowther)라는 이름의 보스턴 대학을 졸업한 청년인 것이 밝혀졌다. 그는 대학에서 라크로스 하키를 즐겨하며 자신의 트레이드마크인 붉은 손수건을 늘 지니고 다녔다. 그의 아버지는 늘 파란색 손수건을 지니고 다녔다. 그는 고등학교 때 하키 경기를 할 때면, 그 팀에서 가장 점수를 못 내는 선수에게 퍽을 패스하기로 유명했다. 동료 선수에게 골을 넣을 수 있는 기회를 주려고 했던 것이다.

열여섯 살 때에는 아버지의 발자취를 따라 소방서에서 자원봉사를 했다. 대학을 졸업한 후 웰스는 샌들러 오닐 회사에 들어가서 세계무역센터의 104층에서 일하게 되었다. 그는 항상 길거리에 있는 거지들에게 줄 동전을 주머니에 넣어가지고 다녔다. 그의 꿈은 소방수나 공무원이 되는 것이었다. 9월 11일 스물네 살의 나이로 웰스는 자신의 꿈을 이루었다. 동시에 그는 '붉은 손수건의 사나이'로 불리면서 모든 사람의 영웅이 되었다.

웰스는 사람들에게 진정한 용기가 무엇인지 보여주었다. 이는 물리적인 용기였다. 다른 용기도 이와 마찬가지로 힘들고 또한 영웅적이다. 당신이 무섭거나 피곤함에도 불구하고 해야 될 일을 해내는 것이 바로 용기이다.

당신의 아들에게 다른 사람들을 담대하게 이끌도록 가르쳐라. 자신이 옳다고 생각하는 일을 하는데 어떤 고통이나 슬픔, 혹은 좋지 않은 결과가 오더라도 결코 흔들리지 않도록 가르쳐라. 언젠가 그는 자신의 가정을 이끌게 될 것이다. 아버지들은 매일 같이 아주 힘겨운 결정들을 내려야만 한다. 문제는 그가 용기 있는 사람이 되기를 원하는가, 아니면 겁쟁이가 되기를 원하는가이다.

내 딸 켈시는 내가 아는 가장 용감한 사람 가운데 한 명이다. 그 애는 태어나면서부터 윗입술이 두 쪽으로 갈라져 있었다. 윗입술이 코까지 양쪽으로 갈라져서 절대 다물어지지 않았다. 켈시는 생후 두 달 때부터 지금까지 모두 여섯 번의 수술을 했다. 그러나 한 번도 수술에 들어가기 전에 무서워한 적이 없었고, 또 그런 내색도 하지 않았다.

이제 열다섯 살이 된 켈시는 너무나 아름다운 처녀로 성장했다. 하나님께서 일하시는 것이 너무 재미있지 않은가. 켈시의 입술 위에는 수술자국이 아직도 남아 있다. 우리 가족에게는 별로 눈에 띄지 않는 자국이지만 켈시 자신을 포함한 다른 사람들에게는 전혀 그렇지 않았다. 게다가 그 애는 사춘기를 지나면서 한창 불안정하고 자아의식이 강한 시기를 지나고 있었다. 켈시의 문제가 얼마나 심각한지를 내 친구 중의 한 여성이 일깨워 주었다. 어느 날 점심 식사를 함께 하고 있을 때, 그녀가 말을 꺼냈다.

"입 주위에 부스럼이 났네. 다른 사람들이 전부 그것 때문에 자길 쳐다본다고 생각하지 않아?"

"당연히 쳐다보겠지."

"그럼, 켈시가 매일 어떤 일을 겪는지 조금은 이해할 수 있겠군."

아뿔싸! 그녀의 말을 들은 나는 머리를 한 대 얻어맞은 기분이었다. 그제야 나는 켈시가 어떤 상황에 처했는지 이해하게 되었다. 그 애가 초등학교에 다니는 내내 다른 아이들의 잔인한 놀림감이 되었다는 사실을 나는 까맣게 잊고 있었다.

그러면 켈시는 어떻게 그렇게 용감할 수 있었을까? 켈시는 어느 곳에 가든지 사람들이 자신의 입술을 쳐다볼 뿐만 아니라 왜 그렇게 됐는지도 물어볼 것임을 알고 있었다. 그럼에도 그 애는 자기가 하고 싶은 일들은 꼭 하고야 말았다. 그 애는 여러 가지 상황에 자신을 노출시켰다. 운동 경기에 참여하고, 교회에서 활동하며, 새로운 학교에 가거나 여름 캠프에 참석하기도 했다. 그런 곳에 처음 가면 으레 아는 사람들이 없게 마련인데도 말이다. 그렇게 켈시는 사자와 같은 용기로 모든 두려운 상황들을 이겨냈다.

당신의 아들도 이러한 용기를 지녀야 한다. 아무리 주위에서 타협하라고 유혹해도 옳은 일을 지속할 수 있는 용기,

정말 가기 싫은 직장인데도 매일 아침 일어나서 출근할 수 있는 용기, 직장에서 만난 여성이 유혹을 하더라도 그녀와 함께 도망치지 않고 가정을 지킬 수 있는 용기, 자식이 설사 부모보다 일찍 세상을 떠나더라도 계속 삶을 지탱할 수 있는 용기, 불치의 병을 얻고도 이를 감당하고 극복할 수 있는 용기, 아무도 신경 쓰지 않는 상황에서도 부도덕에 대항해서 말할 수 있는 용기, 무수한 비판에 맞서서도 자신이 옳다고 생각하는 입장을 견지할 수 있는 용기를 말이다.

## 측은히 여기는 마음

이에 일어나서 아버지께로 돌아가니라 아직도 거리가 먼데 아버지가 그를 보고 측은히 여겨 달려가 목을 안고 입을 맞추니

《누가복음 15장 20절》

예수님은 아들을 둘 둔 아버지의 이야기를 들려주셨다. 어느 날 버릇없는 둘째 아들이 아버지에게 말했다. "아버지의 유산 중 제 몫을 지금 나눠주세요." 그래서 아버지는 자

신의 재산을 나누어 작은 아들에게 몫을 떼어 주었다.

그러고 얼마 지나지 않아 작은 아들은 자신의 소유 재산을 다 팔아가지고서 큰 도시로 떠났다. 그곳에서 허랑방탕하고 부도덕한 생활을 하며 시간을 다 허비했다. 그런 생활을 한 지 얼마 되지 않아 그는 빈털터리가 되었다. 설상가상으로 그 지역에 심한 가뭄까지 닥쳐서 굶어 죽을 지경이 되었다. 어쩔 수 없이 그는 남의 집 종살이를 하게 되었다. 주인은 그에게 돼지 치는 일을 시켰는데, 이는 유대인들이 매우 경멸하는 직업이었다. 그는 굶어 죽게 생겼는데도 돼지가 먹는 쥐엄 열매 하나 제대로 얻어먹지 못했다.

드디어 정신을 차린 작은 아들은 혼자 중얼거렸다. '우리 아버지 집에는 종들도 먹을 것이 남아도는데 나는 여기서 굶어죽게 되었구나.' 그는 차라리 아버지에게 돌아가서 "아버지 내가 하늘과 아버지께 죄를 지었사오니 지금부터는 아버지의 아들이라 일컬음을 감당하지 못하겠나이다 나를 품꾼의 하나로 보소서"(누가복음 15:18~19)라고 용서를 빌고 싶었다."

그렇게 결심한 그는 구질구질한 거지의 몰골을 하고 비참한 심정으로 아버지의 집으로 돌아갔다. 집에 도착하려면 아직도 멀었는데 마침 집앞에 나와 서성거리던 아버지가 그를 발견한다. 아버지는 측은한 마음에 맨발로 달려 나가서 그를 껴안고 입을 맞춘다. 아들은 오면서 준비했던 말을 시작한다. "아버지 내가 하늘과 아버지께 죄를 지었사오니 지금부터는 아버지의 아들이라 일컬음을 감당하지 못하겠나이다"(누가복음 15:21)

그러나 아버지는 아들의 말은 들은 체도 안하고 하인들에게 명한다. "제일 좋은 옷을 내어다가 입히고 손에 가락지를 끼우고 발에 신을 신기라 그리고 살진 송아지를 잡으라 우리가 먹고 즐기자"(누가복음 15:22~23)

그때 밭에서 일하고 있던 큰 아들이 돌아오면서 즐거운 음악과 춤추는 소리가 집에서 나는 것을 들었다. 그는 하인 중 한 명에게 무슨 일이냐고 물었다. 그러자 하인이 대답하였다. "당신의 동생이 돌아왔으매 당신의 아버지가 건강한 그를 다시 맞아들이게 됨으로 인하여 살진 송아지를 잡았나이다"(누가복음 15:27)

화가 난 큰 아들은 집안으로 들어가기를 거절했다. 그러자 아버지가 밖으로 나와서 그에게 들어가자고 설득했다. 그러나 그는 아버지에게 불만스럽게 말했다. "내가 여러 해 아버지를 섬겨 명을 어김이 없거늘 내게는 염소 새끼라도 주어 나와 내 벗으로 즐기게 하신 일이 없더니 아버지의 살림을 창녀들과 함께 삼켜버린 이 아들이 돌아오매 이를 위하여 살진 송아지를 잡으셨나이다"(누가복음 15:29~30)

아버지가 큰 아들에게 대답했다. "애, 너는 항상 나와 함께 있으니 내 것이 다 네 것이로되 이 네 동생은 죽었다가 살아났으며 내가 잃었다가 얻었기로 우리가 즐거워하고 기뻐하는 것이 마땅하다 하니라"(누가복음 15:31~32)

이 이야기는 측은히 여기는 마음의 한 요소인 용서에 대해서 잘 보여준다. 측은히 여기는 마음의 또 다른 측면은 약한 사람을 보호해 주는 것이다.

힘없는 사람을 괴롭히는 것만큼 나쁜 일이 또 있을까. 자신보다 약한 사람들을 놀리는 사람보다 남자답지 못한 사람이 또 있을까. 일상 생활의 주변에서 힘없는 사람들을 괴롭히는 예를 아들에게 말해 주고 이로 인해 빚어지는 결과들을 하나하나 설명해 주도록 하라. 또 남의 연금을 도적질하는 사람, 자신의 아내나 자녀들을 학대하는 남편, 부하 직원에게 언어폭력, 성폭력을 일삼는 상사의 예를 들어주어라.

남자라면 스스로 방어할 수 없는 약한 사람들을 보호해 주어야 한다. 아들에게 아주 어릴 적부터 연약하고 도움이 필요한 사람들을 보호해 주는 것이 얼마나 고귀한 일인가를 가르쳐라.

때때로 놀이터에서 남자 아이들끼리 싸움이 붙는다. 대부분의 엄마들은 자신의 아이가 이런 싸움에 끼어들면 아주 화를 낸다. 폭력을 변호하려는 것은 아니지만 남자들은 자신이나 혹은 도움이 필요한 다른 사람을 방어해야 할 필요를 느낄 때가 있다.

당신의 일곱 살 난 아들이 학교에 갔다고 치자. 그때 우연히 학급에서 덩치가 제일 크고 못된 남학생이 반에서 제일 작은 남자 아이를 손봐주자는 이야기를 일행들과 하는 것을 들었다. 더구나 그 애는 몸이 불편해서 자신을 방어하기는커녕 뛰어 도망갈 형편도 못 되는 아이였다. 반 아이들은 모두 덩치 큰 남학생을 무서워했다. 왜냐하면 그는 체격이 커서 힘도 세며 또한 성격도 매우 사나웠기 때문이다. 전에도 몇 번이나 학교에서 징계를 당한 일이 있었다.

그날 당신 아들은 한 무리의 아이들이 학교 앞에 모여 있는 것을 발견했다. 가까이 가서 보니 덩치 큰 남학생과 그의 패거리들이 몸집이 작은 남자 아이를 한가운데에 몰아놓고서 번갈아가며 밀치고 욕을 하는 것이 아닌가. 처음에는 그냥 밀치던 것이 점점 폭력적으로 변하면서 이제는 주먹으로 사납게 때리기 시작했다. 그 아이는 두려움과 좌절 속에서 아무 힘없이 그저 울기만 했다. 당신 아들은 주변을 둘러보았지만 도와줄 수 있는 어른을 찾지 못했다.

당신 아들은 더 이상 가만히 보고만 있으면 그 아이가 심하게 다칠 수도 있다고 생각했다. 그래서 겁나는 것을 꾹 참고 그들에게 다가가서 말했다. "그만 해! 그 애를 그냥 놔 둬!" 덩치 큰 남학생과 패거리들은 그 말을 듣자마자 당신 아들에게 마치 하이에나처럼 달려들었다. 당신 아들은 최선을 다해 자신을 방어하는 수밖에 없었다. 그때 마침 교사 한 명이 이를 발견하고는 싸움에 관련된 아이들을 모두 교무실로 데리고 갔다. 그들은 모두 징계조치를 받았다.

당신이 만약 이런 상황에 놓인다면 아들에게 무엇이라고 할 것인가?

현명한 엄마라면 싸움은 절대 허락되지 않지만 이런 상황에서는 그가 한 행동을 자랑스럽게 생각한다고 아들에게 말해줄 것이다. 그리고 일의 결과(싸운 벌로 학교에서 징계를 받던 일)에 대해서는 아들 스스로 책임을 지게 할 것이다. 어쩌면 그것은 불공평한 처사인지도 모른다. 하지만 살다 보면 모든 일이 항상 공평하지만은 않으며, 징계를 받음으로써 자신이 한 행동에는 결과가 따른다는 사실을 깨닫게 될 것이다. 또한 이런 일을 한 번 경험해 보면 다음에는 무슨 행동을 취하기 전에 감정에 따라 움직이기보다는 다시 한 번 깊이 생각해 볼 것이다.

더불어 다음에도 이와 비슷한 상황이 생기면 어떻게 행동하는 것이 좋을지 아들과 함께 이야기해 볼 수 있는 기회도 될 것이다.


## 자기 수양과 절제


훈육은 매일같이 반복되는 과정으로 아이에게 자기 수양을 배우게 하는 것이다.

프레드 로저스(Fred Rogers)


자기 수양과 절제는 서로 다른 것이면서도 불가사이하게 연관되어 있다. 자기 수양은 하기 싫지만 반드시 해야 하는 일을 하는 것이다. 반면에 자기 절제는 하면 안 되는 일을 아무리 하고 싶어도 하지 않는 것이다. 이 두 자질 중 하나나 혹은 둘 모두가 결여되면 다른 그 어떤 성격적인 결함보다도 더 많은 사람들을 불행에 빠지게 하고, 심하면 누군가의 생명을 앗아갈 수도 있다. 그런 경우에 남자들은 마약, 도박, 포르노, 음주 그리고 간음과 같은 중독에 빠지게 된다. 이러한 일들은 모두 가정을 파괴하고 영혼을 죽이는 무시무시한 결과를 가져온다.

자기 수양과 절제가 몸에 익은 사람은 사람들 앞에서 공개적으로 할 수 없는 행동이라면 비록 아무도 보지 않는 곳에서라도 스스로 이를 통제할 수 있게 된다. 이것은 마치 우리 몸의 근육처럼 오랜 시간의 연습을 통해서 길러지는 내면의 강인함이다. 보통 자신의 삶의 한 부분에서 자기 수양이 결여된 사람은 또 다른 부분에서도 자기 절제를 하지 못한다.

그러면 남자 아이들은 어떻게 해서 자기 수양과 절제를 개발할 수 있을까? 바로 자신이 한 행동에 책임을 짐으로써 이 자질들을 기르게 된다. 청소를 다 한 후에 영화를 보러 극장에 가기로 약속했다면 청소를 하지 않고는 극장에 가지 못하는 것이 당연하다. 저녁을 먹어야 아이스크림을 먹을 수 있다고 말했다면 저녁을 다 먹지 않았을 때는 절대 아이스크림을 주지 말아야 한다. 다른 형제들이 다 아이스크림을 먹는 앞에서라도 말이다.

그가 당신에게 버릇없이 굴었다면 그날 저녁에는 텔레비전을 보지 못하게 하라. 당신은 일단 규칙을 정하면 이를 지키는 데 흔들림이 없어야 한다. 설령 자녀가 그동안 말을 잘 듣고 아무 일도 저지르지 않았다 해도 말이다. 당신이 양보

하는 순간 곧바로 싸움에서 지는 것이다. 자녀는 자신의 행동에 책임지지 않아도 된다는 사실을 아는 그 순간, 당신에 대한 존경심을 잃을 것이며 그러면 당신은 그를 더 이상 통제하지 못한다.

그가 이 일로 화를 발끈 내고 얼마 동안은 마음이 불편할지도 모르지만 일단 당신의 말이 얼마나 심각한지 알게 되면 그 결과를 받아들일 것이다. 당신이 세워놓은 원칙들을 고수하라. 필요하다면 우리는 자신이 생각한 것보다 훨씬 더 오래 견딜 수 있다. 그것이 결코 쉬운 일은 아니며 때로는 불편하겠지만 그래도 그럴만한 가치가 있다.

한 번은 텔레비전에서 〈경찰관(Cops)〉이라는 프로를 본 적이 있다. 엄마 혼자서 일곱 살짜리 아들을 키우는데, 어느 날 이 아이가 엄마를 집안에 들어오지 못하게 하려고 안에서 문을 잠갔다. 결국 경찰이 와서 문을 부수고 강제로 아이에게 문을 열도록 했다. 어린 소년이 자신의 엄마를 공포에 떨게 하고 경찰관 두 명의 공무를 방해하는 것을 지켜보기란 정말로 끔직했다. 그 소년은 책임감을 배우지 못한 사람의 전형적인 예이다.

이제까지 살아오면서 당신을 실망시킨 남성을 떠올려 보라. 그들의 이름을 떠올릴 때 자기 수양 혹은 절제라는 단어가 생각나는가? 오늘날과 같이 즉각적인 만족을 구하는 시대에 당신이 아들에게 줄 수 있는 가장 큰 선물은 바로 자기 수양과 절제하는 성품일 것이다.


## 믿음직함


그 사람은 과연 믿을 만한가? 그는 자신이 한 말을 반드시 지키는가? 그의 아내와 자녀, 그리고 친구들은 자신들이 힘들 때 그가 함께 해줄 것이라고 확신하는가? 우리는 무슨 일이 벌어져도 우리에게 최선을 다 할 것이라고 여겨지는 사람을 믿고 의지한다.

당신 아들은 이 세상 어느 누구도 혼자서만은 살 수 없다는 사실을 이해해야 한다. 그가 내리는 선택과 결정은 그가 인정하든 인정하지 않든 간에 다른 사람들의 삶에 영향을 미칠 것이다. 우리가 내린 결정은 마치 연못에 자갈을 던졌을 때 생기는 잔물결처럼 다른 사람들의 삶에 영향을 준다. 당신의 아들이 아버지가 되면, 그의 결정은 그 이후 세대의 삶에 잔물결을 만들 것이다.

# 정직

환경에 타협한 적이 있다면 당신은 언젠가 그 대가를 치르게 된다. 당신이 타협하는 한 모든 일이 순조롭게 진행될 것이다. 그러나 당신은 나름대로 정직하다고 자부하면서도, 세상 어딘가에는 거짓 우상들에게 절대로 무릎을 꿇지 않는 정직한 사람이 있음을 부인하지 못한다. 그리고 언젠가 그를 만나는 날, 당신은 가짜라는 사실이 들통 날 것이다.

랠프 왈도 에머슨(Ralph Waldo Emerson)

'정직'을 사전에서 찾아보면 '속이지 않으며, 바르고, 곧고, 진실하고, 올바르며, 존경할 만하고, 믿을 만하며, 인격이 위대하고, 솔직하며, 반듯하고, 공정하며, 양심적이고, 명예로운' 것이라고 나와 있다.

남자들이 가장 하기 힘들어 하는 일은 바로 자신의 잘못을 인정하는 것이다. 이는 아마도 땅이 흔들릴 만큼 새로운 뉴스는 아닐 것이다. 그렇다면 어린 남자 아이들도 이와 똑같은 경향이 있음을 염두에 두어라. 남자들은 어렸을 때부터 항상 옳아야 하고, 망가진 것은 무엇이든지 고칠 줄 알며, 모든 것에 대한 해답을 알고 있어야 한다고 교육받는다.

이는 남자들에게 아주 무거운 짐처럼 느껴진다. 더욱이

이로써 자신과 다른 사람들 앞에서 자기도 그저 한 인간에 불과하다는 사실을 솔직하게 인정하기가 힘들어진다. 자신이 완벽해야 한다고 믿는 함정에 빠져 있기 때문이다. 그러면서 상황이 점점 나빠지기도 한다. 그래서 남자 아이들은 어렸을 때부터 자신의 잘못을 인정하는 법을 배워야 한다. 자기 자신에게 먼저 정직하게 되면 다른 사람들을 진실하게 대하는 일이 훨씬 더 수월해진다.

그러기 위해서는 자신의 강점과 약점을 알아야 한다. 탐욕과 같은 성향은 보통 모든 남자들이 타고난 약점이다. 자신에게 정직하게 되면 자기 안에 내재된 성격적인 함정들을 알아차릴 수 있다. 예를 들어 남들은 모두 나를 아주 부지런하고 열심히 일하는 사람으로 생각한다. 그것은 어떤 면에서는 사실이기도 하다.

그러나 그것은 나 자신이 본래 얼마나 게으른 사람인지를 잘 알기 때문에 자기 수양을 통해서 스스로를 밀어붙인 결과다. 왜냐하면 그렇지 않을 경우 나의 게으른 성향이 표면으로 드러나게 되고, 그러면 하나님께서 나에게 계획하신 소명을 이루지 못할 것임을 알기 때문이다.

당신의 아들에게 하나님께서 주신 강점과 약점에 관해 이야기하라. 내 아들 프랭크가 초등학교 고학년이 되면서,

그가 장래에 유명한 운동선수가 될 수 없다는 사실이 점점 분명해졌다. 그의 신체적인 조건이나 운동 실력이 부족해서가 아니었다. 그에게는 운동선수에게 꼭 있어야 할 강한 추진력이나 경쟁심 같은 것이 없는 듯 보였다. 마치 용광로 속에서 불이 활활 타는 듯한 그런 것 말이다. 그래서 나는 아들에게 운동선수가 되라고 강요하기 보다는 그가 잘하는 것에 초점을 맞추기로 했다.

프랭크는 머리가 아주 좋고 음악을 즐겨했다. 나는 그에게 밴드부에 들어가서 악기를 연주하는 법을 배우라고 권했다. "내가 고등학교에 다닐 때는 말이지, 늘 단상에 서서 음악을 연주하는 애들을 보면 너무나 멋있어 보였단다. 아주 행복해 보였어. 게다가 그들은 무슨 경기가 있을 때마다 학교 밖으로 나가서 연주도 하고 치어리더들과 어울리기도 하지."

대학 농구나 축구 경기를 텔레비전에서 볼 때면 항상 얼굴에 색칠을 한 채 장난치고 있는 밴드 단원을 손가락으로 가리켰다. 또 나는 밴드 단원은 모든 경기에 무료로 입장하며, 전국 최강팀 대학을 위해서 연주하게 되면 보통 사람은 들어가기도 어려운 최고 결승전 경기까지 참석할 수 있다는 이점을 슬쩍 언급했다.

프랭크는 6학년 때부터 대학에 들어갈 때까지 학교 밴드

부에서 연주를 했다. 그는 이후에도 여러 가지 악기들을 연주하는 법을 배웠는데 이는 그의 평생에 기쁨이 되었다. 밴드를 통해서 그는 건강한 자존감을 갖추게 됐다. 아마 운동을 계속했다면 오히려 자신감이 많이 떨어졌을 것이다.

아주 어렸을 때부터 아들에게 항상 정직해야 한다는 것을 강조하라. 그리고 당신 스스로 모범을 보여라. 자기 자신에게 정직한 사람은 다른 사람들에게도 정직하다. 남의 감정을 보호한답시고 하는 선의의 거짓말은 결코 순수하지 못하다. 거짓말보다는 외교술과 위대한 예절이 당신 아들에게 훨씬 더 도움이 될 것이다.

## 겸손

> 인생은 겸손을 배우는 학교다.
>
> 제임스 배리(James M. Barrie)

모든 젊은이들은 자부심이 강하다. 내가 젊었을 때도 마찬가지였다. 그러나 겸손한 사람은 보다 더 높은 목적을 좇아서 결국 위대한 일을 이루어낸다. 자신의 필요와 욕구보다는 가족의 행복을 우선으로 하는 것도 이에 포함된다.

오늘날 사회에서는 겸손을 아무 가치가 없는 것으로 취급한다. 만일 어떤 사람, 특히 남자가 겸손하다고 불리어지면 그 사람은 나약한 겁쟁이라는 의미이다. 겸손은 무슨 이유에서인지 경멸과 연관된 말처럼 인식되고, 자부심이나 긍지를 더욱 우월한 덕목으로 삼는다.

젊은이들은 무릇 자신만만하고, 잘난 체하며, 성공하는 수완가가 되어야 한다고 생각한다. 또 결코 자신의 잘못을 인정해서는 안 된다고 생각하고 있다. 그러나 《메리엄 웹스터 사전(Merriam Webster Dictionary)》에 의하면 '겸손'은 교만하거나 도도하지 않고, 아는 체 하거나 주제넘지 않은 신중함으로 정의를 내리고 있다.

위대한 성품의 소유자들이 우리 주위에 많이 있다. 그중 내가 아는 가장 현명하고, 행복하며, 성공적인 사람은 지극히 겸손한 사람이다.

겸손은 교만의 반대이다. 성경은 교만에 대해서 말하기를, "교만은 패망의 선봉이요 거만한 마음은 넘어짐의 앞잡이니라"(잠언 16:18)라고 하며, 또 겸손과 교만을 비교하여 "사람이 교만하면 낮아지게 되겠고 마음이 겸손하면 영예를 얻으리라"(잠언 29:23)라고 가르친다.

나이가 들수록 나는 점점 겸손해진다. 아마도 겸손은 인격의 성숙과 함께 오는 것이기 때문이리라 여겨진다.

## 신뢰성

너는 또 온 백성 가운데서 능력이 있는 사람들 곧 하나님을 두려워하며 진실하며 불의한 이익을 미워하는 자를 살펴서 백성 위에 세워 천부장과 백부장과 오십부장과 십부장을 삼아 그들이 때를 따라 백성을 재판하게 하라 큰일은 모두 네가 가져갈 것이요 작은 일은 모두 그들이 스스로 재판할 것이니 그리하면 그들이 너와 함께 담당할 것인즉 일이 네게 쉬우리라

《출애굽기 18:21~22》

어떤 사람을 신뢰한다는 의미는 어떠한 일이 있어도 그가 당신과 함께 해주리라 믿는 것이다. 환경이 나빠진다고 해서 당신을 버리고 도망가지는 않으리라 확신하는 것이다. 작가 프레스톤 길함(Preston Gillham)은 이를 다음과 같이 표현했다. "신뢰는 보이는 것이 당장에 사실로 드러나지 않더라도 계속 자신의 믿음을 지키는 것이다. 신뢰는 믿음보다

도 한 단계 더 깊이 나간다."

내가 어떤 사람의 신뢰성을 판단하는 기준 하나는, 그 사람이 과연 전투시에 나를 엄호해 줄 것인가 하는 생각이다. 어떤 이들은 사람을 그런 기준으로 판단하는 것이 너무 지나치다고 이야기하지만 나는 그렇게 생각하지 않는다. 그렇게 말하는 이들은 보통 내가 전투에서 신뢰할 수 없는 사람들이다. 우리는 영적인 전쟁터에서 살아가며 주변에 엄호해 줄 친구들이 필요하다. 우리의 안전과 행복을 자신의 그것보다 더 중요하게 생각하는 사람들 말이다.

누군가를 신뢰하는 것이 어떤 의미인지 아들에게 설명하라. 과거에 일어난 어떤 일 때문에 사람들을 신뢰하지 못하겠다면 이에 관해서도 아들과 나누어라. 그러면 신뢰성이 얼마나 중요한 성품인지, 그리고 신뢰가 깨지면 해로운 영향이 삶에 얼마나 끼치는지를 알게 될 것이다.

## 명예

명성은 다른 사람이 아는 당신이다. 그러나 명예는 당신 자신이 아는 당신이다.

로이스 맥마스터 부조르(Lois McMaster Bujold),
《시민운동(Civil Campaign)》

　영화 〈로브 로이(Rob Roy)〉에서 리엄 니슨(Liam Neeson)
은 1800년도 스코틀랜드 고지의 한 씨족 추장인 로버트 로이
맥그레고르(Robert Roy McGregor)의 역할을 맡았다. 영화
의 앞부분에는 로브 로이가 그의 두 아들과 명예에 관해 나
누는 대화가 나온다.


아들 : “아버지, 우리 맥그레고르 집안에서 다시 왕이 나
　　　올 수 있을까요?”

추장 : “명예로운 사람은 모두 왕과 같단다. 그러나 모든
　　　왕들이 다 명예로운 건 아니지.”

아들 : “명예가 뭐예요?”

추장 : “명예란…, 어느 누가 주거나 또 빼앗아 갈 수 없
　　　는 것이지. 명예는 자기 자신에게 주는 선물과 같
　　　은 거야.”

아들 : “여자들도 명예가 있나요?”

추장 : “그럼. 여자들은 그 자체가 명예란다. 우리는 그들
　　　안에 있는 명예를 아끼고 지켜줘야 해. 절대로 여자
　　　들을 부당하게 대하거나 남자 동료들을 속이면 안
　　　된다. 그리고 다른 사람들이 그런 행동을 하는 것도
　　　용납해서는 안 돼.”

아들 : "명예를 지녔는지 어떻게 알아요?"

추장 : "명예를 얻으려고 걱정할 필요가 없단다. 명예는 네 안에서 자라나서 네게 말할 거야. 넌 그 음성을 듣기만 하면 되는 거야."

나는 내 아들이 명예를 얻길 원한다. 그에게 아무리 강한 역경이 불어 닥쳐도 이겨낼 수 있도록, 여자들과 아이들을 사랑하고 보호하도록, 공의와 평등을 위해 투쟁하도록, 무언가를 위해 꿋꿋이 일어설 수 있도록…….

이번 장에서는 남자 아이들이 성장하면서 개발해야 할 몇 가지 자질들에 관해 나누었다. 여기에 나온 자질들이 다가 아닐뿐더러, 또 당신 아들이 여기에 요약된 모든 자질들을 다 습득하기를 기대할 수도 없다. 그러나 당신이 존경하는 남성들에게서 어떤 자질들이 있는지 분별할 수 있다면, 당신의 아들이 다른 사람들을 통해 그 자질들을 발견하고, 또 이를 개발해 가는 데 도움을 줄 수 있을 것이다.

# 존경심

어린이들이 자장가를 들으면서 배우는 가장 중요한 것은 존경심이다. 그들은 삶의 특정한 가치와 사람들을 존중하도록 배운다. 존경심을 표함으로써 자신도 존중받기를 원하며, 자기 존중을 통해서 다른 사람을 존중하게 된다. 자기 존중은 우리 인디언들이 강조하고 자녀에게 심어주기 원하는 자질 가운데 하나이며, 또 자라나면서 습득하게 되는 규율 중 하나이다.

헨리 올드 코요테(Henry Old Coyote), 《존경심(Respect for Life)》

옛말에 "존경받기 위해서는 애써서 노력해야 한다"라는 말이 있다. 그런데 먼저 자기 자신을 존중할 줄 알아야 남들에게 존경을 거저 받든지, 혹은 노력해서 받든지 할 수 있다. 여기에서 아이러니한 점이 있다. 다른 사람들에게 존중을 받을 때 자기를 존중하는 마음이 생기게 된다는 것이다. 이는 마치 꼼짝달싹 할 수 없는 진퇴유곡의 상황처럼 들린다. 마치 자기 꼬리를 잡으려고 뱅뱅 돌다가 결국에는 지쳐서 떨어지는 개들처럼 말이다.

나는 당신이 다른 사람들을 먼저 존중함으로써 당신도 존중받는다고 믿는다. 많은 경우에 사람들은 존중받지 못할 행동을 하는 것이 사실이다. 그럼에도 존중은 인간의 가장 기본적인 필요라고 생각한다. 일단 이런 필요가 채워지면, 이를 다른 사람에게 나누어주기도 쉬워진다.

다른 사람을 존중한다는 것은 그 사람을 무서워하거나 비굴하게 대하는 것을 의미하지 않는다. 그것은 단순히 당신이 대접받고 싶은 데로 남을 대접하는 것이며, 하나님의 창조물로서 마땅히 누려야할 가치를 그들에게 확장하는 것이다.

## 여성을 존중하게 하라

모든 신사들은 남자지만, 모든 남자가 다 신사는 아니다.

작자 미상

남자 아이들은 소녀에서 할머니에 이르기까지 모든 연령의 여성을 존중하는 법을 배워야 한다. 그들을 위해서 문을 열어주고 무거운 짐을 들어주어야 한다. 여자들이 더 약하고 힘이 없어서가 아니라 그들은 귀하고 사랑받을 자격이 있기 때문이다. 이 말은 정치적으로는 틀릴 수 있을지 모르지만 분명한 사실이다.

어릴 때부터 아들이 당신과 여동생, 혹은 누나를 위해 문을 열어주도록 가르쳐라. 예절과 존중이 그의 삶의 다른 영역에서도 나타나게 되면 이는 평생에 걸친 습관이 될 것이며, 이러한 태도 때문에 미래의 어느 젊은 여성이 당신을 칭찬하며 당신에게 감사하게 될 것이다.

결혼하고 지금까지 나는 아내와 외출할 때 항상 아내를 위해 자동차 문을 열어주었다. 그러나 몇 년 전부터는 아내를 위해서 문을 열어주지 않고 사람들 앞에서 아내를 존중한다는 사실을 보여주기 위해, 또 내 아이들의 유익을 위해 차문을 열어주기 시작했다. 어떻게 여자들을 존중해야 하는지를 모든 사람들이 볼 수 있도록 말이다.

솔직히 처음에는 괜히 내가 예의 바른 척하는 것은 아닌지, 너무 구식이 아닌지 염려된 것이 사실이다. 그러나 지금은 아주 자연스러워졌다. 그런 나를 사람들은 호기심 어린 눈빛으로 바라보곤 한다. 그중 특히 젊은 여성들은 아내를 부러워하는 눈빛으로 쳐다본다. 이를 본 젊은 청년들이 나의 행동을 따라하길 바란다. 설사 아무런 일이 일어나지 않는다 하더라도 적어도 내 딸은 자신이 만나는 청년이 자신을 위해 문을 열어주기를 기대하게 되었고, 내 아들도 여성들에게 기사도 정신을 발휘하게 되었다.

또한 남자 아이들은 여성들을 사랑하는 법을 배워야 한다. 당신이 이혼한 상태라면 아마 당신의 결혼 생활은 남녀 관계에 그다지 좋은 표본이 되지 못할 것이다. 당신의 아들은 당신과의 관계 속에서 여자를 존중하는 방법을 처음으로 배우게 될 것이다. 우리는 아주 소중한 가치가 있는 것은 아끼고 존중하며 부드럽게 다룬다. 당신의 아들에게 여성의 가치를 가르쳐라. 당신이 믿든 안 믿든 간에 엄마로서 당신은 자신이 아는 것보다 훨씬 더 소중한 존재이다. 무엇이 여자들에게 중요하며, 어떤 때 상처받는지 자녀에게 알려주어라.

## 혼자 자녀를 키우는 엄마를 존중하게 하라

이혼으로 감정이 몹시 상한 후에 어떤 여성들은 낮은 자

존감에 시달린다. 혼자서 가정을 꾸리는 엄마들은 종종 힘겨
운 환경 가운데에서 살아남기 위해 투쟁적인 생존방식으로
무장하게 된다. 불행하게도 끊임없는 가계의 압박 때문에 이
런 생존방식으로 살아가는 여성들은 결국 맥없이 무너지고
만다.

그래서 자신의 필요를 채우기 위한 자구책으로 남성 편
력이나 파티와 같은 놀이에서 돌파구를 찾는다. 그렇지 않으
면 살아갈 의지를 잃게 된다. 이런 여성들은 종종 자신이 가
정 생활의 균형을 잃어버린 사실과 또 아이들에게 건강한 인
간관계를 위한 시간을 내지 못했다는 사실을 깨닫지 못한다.

그러나 계속해서 자기 자신을 들여다보고, 독서를 하면
서 자신이 지나치게 의존적이거나 가장으로서의 기능을 제
대로 이행하지 못하고 있다는 사실을 발견하게 되면 자립적
인 방식으로 태도가 변하게 된다. 그러면 주위의 다른 싱글
맘들을 찾아서 서로 의지하고, 장을 보기도 하고, 요리를 같
이 하거나 서로의 아이들을 봐주기도 한다. 이전에 싱글맘이
였던 한 여성이 내게 고백했다. "나 혼자서는 아이를 키울
수 없다는 사실을 깨닫는 순간, 전 아주 겸손해졌어요."

이에 덧붙여서 많은 여성들이, 심지어 건강한 자존감을
가진 여성들조차도 자신을 항상 제일 마지막으로 미루고 상

대방의 의견을 따라간다. 나와 친한 여성은 그 이유로 '여성들은 순교자 역할을 하기를 즐기기 때문' 이라고 믿었다.

그렇다면 스스로 부당한 인간관계 속에 있던 여성이 어떻게 다른 사람들에게 여성을 존중하라고 장려할 수 있을까? 특별히 그녀 자신이 존중받지 못하는 상황을 그대로 수용했거나, 아니면 자존감을 희생하도록 강요받았을 경우에는 그 일이 가능할까? "만약 내가 가족이라는 사다리의 제일 아래 칸에 있고, 또 이전의 인간관계에서 마치 발의 흙을 터는 매트 같은 존재였다면 과연 내 아들에게 나 자신을 포함한 다른 여성들을 존중하라고 가르칠 수 있을까?" 한 엄마의 표현이었다.

무엇보다도 당신 자신과 아들의 유익을 위해서 당신의 낮은 자존감을 먼저 치유하는 것이 중요하다. 다른 사람들이 당신의 가치를 알아주지 않더라도 당신 스스로 자신을 사랑해야 한다. 그 문제를 함께 도와줄 크리스천 상담가를 찾아가라. 크리스천 상담가를 권하는 이유는 단지 내가 기독교인이기 때문이 아니라 모든 지혜의 근본은 성경적인 원칙에 있기 때문이다. 내가 크리스천이 되기 전, 또 그 후에도 나와 아내는 수년에 걸쳐서 여러 번 상담을 받은 적이 있다. 우리를(그리고 우리 결혼 생활을) 도와준 상담가들은 하나같이 크리스천들이었다.

싱글맘들이 안고 있는 문제 가운데 하나는 바로 분노의 감정이다. 이 책을 출판사로 넘기기 전에 나는 아들을 둔 몇몇 엄마들에게 내용을 한 번 점검해 달라고 부탁했다. 이전에 싱글맘으로 아이를 키웠던 내 친구 대이나(Daina)는 원고를 읽어본 후에 내게 이렇게 충고했다.

"아무리 위대한 여성이라도 혼자서 아이들을 키우는 엄마들은 남성의 부재에 대해서 어떤 형태로든지 분노를 품고 있다는 사실을 잊지 마세요. 그건 결국 방어적인 성격으로 나타나죠. 아무리 전 남편을 용서하고, 아이들을 함께 키우지 않는 것에 대해 화를 내지 않으려고 해도 싱글맘들은 여전히 그런 감정과 싸워야 해요. 심지어 아이들에게까지 화를 내는 경우도 있어요. 아이들에게 그러면 안 된다는 건 잘 알지만 감정이 폭발하면 어쩔 수가 없어요."

너무나 정확한 지적이었다. 이러한 감정들을 인식하고, 이것이 자신의 정신 건강에 어떤 영향을 주는지를 깨닫는 것이야말로 치료를 위한 첫 번째 과정이다. 당신의 생활이 너무나 바쁘게 돌아가기 때문에 상담을 받는 일이 무리처럼 보일 수도 있다. 그러나 자신의 가치와 중요함을 인정하는 것이야말로 건강한 가족을 이루는 데 필수적인 요소이다. 적어도 단기간 동안에는 이 일이 다른 모든 일보다 우선되어야 한다. 다른 사람을 치유하기 위해서 당신이 먼저 치유를 받아라.

가정문제 상담전문가로 널리 알려진 스테파니 마르트슨 (Stephanie Martson)은 그녀의 저서 《칭찬의 마술(Magic of Encouragement)》에서 다음과 같이 강조한다.

"아이들은 자신이 존중받는다고 느낄 때 자신의 가치를 인식하며 스스로 존중하는 법을 배운다. 다른 사람이 자신을 받아들여 주는 것을 경험할 때 스스로 자신을 용납하게 된다. 또한 사랑을 받을 때 그들은 자신이 사랑받을 만한 자격이 있는 존재라고 믿으며 자존감을 키우게 된다."

아버지를 잃거나 가족 구조가 흔들릴 때 당신의 아들도 똑같이 낮은 자존감과 자기 부정의 감정에 빠질 것이다. 당신이 이를 치유하도록 도와주지 않으면 그는 이러한 장애물들을 극복하는 데 무척 애를 먹을 것이다. 일단 성인이 되고 나면 이런 열등감은 점점 더 극복하기가 어려워져서 여러 가지 종류의 비정상적인 행동들로 나타나게 된다.

변화는 쉬운 일이 아니다. 노력해서 얻어지는 것이다. 유감스럽게도 변화는 하루아침에 일어나지 않는다. 눈에 띄는 변화를 삶에서 보기 위해서는 아주 오랜 시간이 걸린다. 따라서 많은 사람들은 자신이 불행하다고 느끼면서도 좀처럼 성장하기를 원치 않는다. 건강한 자존감과 한층 더 높은 목적을 위해서는 당신이 지금 서 있는 안전지대를 떠날 필요가 있다. 여성을 존경과 품위로 대하는 아들을 키워내는 것이야말로 위대한 일이 아니고 무엇인가?

## 한계를 분명하게 그어주어라

아이들은 자기 스스로 원칙들을 만들지 않으며, 원칙이 없으면 행복해질 수 없다. 젊은이들에게 필요한 것은 그들의 원초적인 열정과 경험 부족에서 빚어지는 결과들에서 그들을 보호해 줄 어른들이다. 어른들은 그들이 일상 생활에서 어떻게 행동해야 할지를 지도해 주고, 그들의 미래를 견고히 할 수 있는 기반을 단단히 다지도록 해준다.

레온타인 영(Leontine Young), 《거장들의 인생(Life among the Giants)》

요즘 아이들은, 특히 한쪽 부모 밑에서만 자란 아이들은, 그 어느 때보다도 분명한 한계가 필요하다. 왜 그런가? 그들은 점점 더 자기 멋대로 하려고 들기 때문이다. 그러면 결국 사전 경험이나 어른의 지도 없이 중요한 일들을 스스로 결정하게 된다. 아니 결정하도록 강요당한다.

자녀의 행동에 대해서 용납될 수 있는 한계를 분명하게 그어라. 그중 한 가지 한계로서, 엄마에게 버릇없이 구는 행동은 절대 용납될 수 없다는 점을 확실하게 하라. 그가 지금 당신을 대하는 태도가 나중에 자신의 아내에게 하는 행동이 될 것이다. 또한 이러한 한계들은 당신의 딸과 주변에 있는 소녀들에게 그들이 여성으로서 어떤 대우를 받아야만 하는지를 기대하도록 훈련시킨다.

자녀에게 행동의 한계를 지어주는 일은 자기 수양을 가르치는 것과 마찬가지로 그를 교화하는 방법 중의 하나다. 제임스 도브슨 박사는 그의 저서 《아들 양육기(Raising Up Boys)》에서 "제방이 없는 시냇물은 늪을 만들어낸다. 물이 올바로 흘러갈 수 있게 수로를 만들어주는 것은 부모의 책임이다"라고 말했다.

아들 프랭크가 사춘기에 접어들면서, 그 자신도 어떻게 다뤄야 할 줄 모르는 호르몬이 그의 몸속으로 흘러들었다. 그날도 여전히 그는 엄마와 말다툼을 하고 있었다. 나는 그가 아내에게 함부로 말하는 것을 우연히 듣게 되었다. 그 즉시로 나는 아들에게 말했다. "네가 지금 말하고 있는 사람은 내 아내야. 어느 누구도 내 아내에게 그런 식으로 말하면 가만 놔두지 않을 거야. 너도 마찬가지야."

그 말 한 마디면 충분했다. 프랭크는 지금도 가끔씩 엄마에게 버릇없이 굴 때가 있기는 하지만 그러다가도 나와 눈이 마주치면 그때의 대화를 떠올리고는 입단속을 하려고 애쓴다. 이것은 불쾌한 결과를 피하기 위해서 자기 수양을 발휘하는 한 예가 될 수 있다. 이런 식으로 자녀가 당신에게 버릇없이 굴면 결과가 좋지 않다는 것을 보여주어야 한다.

나는 밖에서도 엄마에게 버릇없이 구는 아이들이 있으면 가만히 보고 있지 않는다. 아버지가 주위에 없거나 엄마가 그의 나쁜 버릇을 고쳐주지 않으면, 나는 아이의 눈을 쳐다보면서 화가 난 목소리로 말한다. "야! 엄마한테 그렇게 버릇없이 굴지 마!" 그러면 아이는 놀라서 부끄러운 표정을 짓지만 가끔 어떤 엄마들은 화를 내면서 남의 일에 상관하지 말라고 말하기도 한다. 그러나 대부분의 엄마들은 나의 도움에 고마워한다.

아들이 당신에게 버릇없이 대할 때 혼내주지 않았다면, 다른 남성이 당신에게 무례하게 군다고 화낼 이유가 없다. 남자 아이들은 남성의 감독을 받아야 한다. 특히 여성을 존중하는 법에서는 더욱 그렇다.

그러나 대부분의 경우에는 남성들이 이런 책임을 다하지 않기 때문에 오늘날 우리 사회의 많은 남자들이 방향을 잃고 헤매며 여자들과 어린이들을 학대하는 비극적인 일이 벌어지고 있다. 남자로서 우리는 자기 자신을 규제할 능력을 잃어버린 것처럼 보인다. 아니라면, 규제하고자 하는 소망을 잃어버린 것이 아닌가.

# 3

당신은 엄마가 될 자격이
충분히 있는 놀라운 여성이다

# 역할모델로서의 남성의 중요성

당신은 금방 조깅을 마치고 말처럼 땀을 뻘뻘 흘리고 냄
새를 풍기며 현관에 앉아 있습니다. 그러면 당신의 아들이
나 옆집에 사는 소년은 옆에 앉아서 당신에게 기대면서 말
하지요. "냄새가 아주 좋아요." 이것이 바로 아버지에 대한
원초적인 갈망입니다.

켄트 휴스(Kent Hughes), 《신실한 남자의 훈련(*Discipline of Godly Man*)》

남자 아이들은 남자 어른을 통해서 어른이 되는 법을 배
운다. 남성적인 기질은 남성적인 기질을 물려준다. 여성적인
기질은 절대 남성적인 기질을 물려줄 수 없다.

존 엘드리지(John Eldreadge)는 "남자 아이들은 자신이 누구인지 또 자신의 기질이 무엇인지를 남자 어른들로부터 배운다. 다른 어느 곳에서도 이것을 배울 수가 없다. 다른 남자 아이들이나 혹은 여자들의 세계에서는 절대로 이를 배울 수 없다."

남성적인 기질을 물려주기 위해서는 남자 어른이 아이의 인생에 적극적으로 개입해야만 한다. 이러한 역할모델로서의 남성의 개입이 없으면 남자 아이는 마치 키가 없는 배처럼 바람이 부는 대로 파도가 치는 대로 이리저리 휘둘린다.

엘드리지의 작품《엄마와 아들 : 강하고 사랑할 줄 아는 남자로 키우는 법(Between Mothers and Sons: The Making of Vital and Loving Men)》에서 에벌린 바소프 박사는 남자 아이들이 자신과 동일시 할 수 있는 남성의 존재가 주위에 없을 때는 대중 매체가 선전하는 한심한 남성상을 자신에게 투영시킨다고 주장했다. 아니면 주위의 갱이나 범죄자의 잔인함을 보고 그것이 진정한 남성의 기질인 양 착각하게 된다고 말했다.

남자 아이들의 영혼 속에는 "내가 정말 남자인가. 그렇다면 그걸 어떻게 알지?"라는 질문이 자리 잡고 있다. 엘드리지는 이런 남자 아이들 마음속에 있는 심오한 질문에 관한 글에서 다음과 같이 말했다.

"그것은 단순한 질문 그 이상이다. 모든 남자들은 이와 같은 질문에 대한 답을 간절히 얻고 싶어 한다. '나는 자격이 있는가? 나는 강한가?' 자신이 남자라는 것을 알기까지 그는 스스로 이를 증명하기 위해 끊임없이 노력할 것이다. 동시에 자신이 남자답지 못하다고 보여주는 모든 일에서는 위축될 것이다. 대부분의 남자들은 그 질문 때문에 괴로워하거나 아니면 그에 대한 대답을 듣고서 기가 죽어서 무기력해진다."

남자 아이들의 삶에는 남자 어른의 개입과 축복으로 채워져야 할 공간이 있다. 아무리 엄마가 아들에게 그가 지극히 정상이며, 신체의 각 부분도 바른 크기와 모양을 갖추고 있다고 하루 종일 설명해도 그는 믿지 않을 것이다. 그러나 남자 어른이 그 아이의 마음속 깊이 있는 질문들에 대한 답변을 해주면 그는 즉시 안심하면서 믿을 것이다.

로버트 블라이(Robert Bly)는 《철의 남자(Iron John)》에서 이렇게 말하고 있다. "오직 남자들만이 다른 남성들에게 자극을 줄 수 있다. 여자들은 뱃속의 태아를 사내아이로 만들 수는 있지만 변화시킬 수는 없다. 오직 남자들만이 그 사내아이를 남자로 변화시킬 수 있는 것이다."

아버지로부터 축복을 받지 못하는 남자 아이들은 아주 깊은 상처를 받는다. 물론 내가 아는 대부분의 남성들은 자신이 상처를 입었다는 사실을 부인한다. 그렇게 하도록 교육 받았기 때문이다. 그렇다고 상처가 없어지는 것은 아니다. 그러나 함께 일하고, 놀고, 야구 경기를 관람하고, 낚시를 하면서 아버지나 다른 남자 어른들과 시간을 보낸 아이들은 남성적인 기질을 자연스럽게 물려받는 축복을 누리게 된다.

나는 새아버지 밑에서 자랐지만 스물네 살이 되었을 때 친아버지를 만났다. 우리는 그때 이후로 아주 강한 부자관계를 유지하고 있다. 작년 어버이날에는 아버지로부터 카드를 한 장 받았다. 모든 남자들이 그런 것처럼 나는 안부 카드에는 별로 마음을 쓰지 않았다. 그러나 이번에는 그 카드가 완전히 내 마음을 사로잡았다. 카드에는 다음과 같은 내용이 적혀 있었다.

"네가 내 아들이라는 사실이 얼마나 큰 축복인지……. 너는 항상 우리 가족에게 축복된 존재였단다. 너는 어려서 하나님을 마음으로 영접하고 그분의 사랑 안에서 성장했지. 이제 너의 삶이 모든 일을 통해서 주님께 찬양을 돌리고 있지 않니? 네가 자라는 모습을 지켜보는 것은 나에게

너무나 큰 기쁨을 가져다주었다. 네가 너무나 특별한 남자
로 성장한 것이 무척 자랑스럽다."

평소에 그렇게 말이 없던 아버지는 여기에다 덧붙였다.
"릭, 내가 항상 너를 사랑하고 또 자랑스럽게 생각한다는 것
을 잊지 말아라. 아버지로부터."
마흔일곱 살의 나이에도 불구하고 아버지의 축복은 나에
게 굉장한 의미를 가져다주었다. 사춘기 남자 아이들에게 친
구가 되어줄 남자 어른이 없거나, 사람들과의 유대감보다 대
중매체에 지나치게 의존하게 내버려두거나, 정서적으로 준
비가 되기 전에 여자 친구를 깊이 사귀게 하면(열여섯 살이
되기도 전에 데이트를 하도록 내버려두거나 권장함으로써)
거의 평생에 걸쳐 정서적으로 미성숙하게 될 불이익을 가져
다주게 된다.

## 보고 배우는 것

남자 아이들은 남자 어른들을 가까이서 보고 관찰함으
로써 성인이 된다. 남자의 기질은 세대를 거쳐서 내려오는

것으로서 이를 가르치는데 그다지 말이 많이 필요 없다. 남성이라는 횃불을 전수하는 일은 덧없고 지루한 작업이다. 이 전수의 작업이 성공적으로 이루어지면 소년에서 어른으로 성장하는 것은 마치 한 그루의 오크 나무와도 같다. 그의 그늘과 영향력은 그를 의지하고 그늘에서 쉼을 얻는 많은 사람들에게 축복이 될 것이다.

프레스톤 길함(Preston Gillham), 《일평생 보장(Lifetime Guarantee)》

위에 인용한 프레스톤 길함의 글은 생산적인 남성을 만드는데 필요한 것이 무엇인지를 강조하고, 남자 어른이 아이에게 미치는 영향에 대해 말해주고 있다.

남자는 시각적인 존재이기 때문에 남자란 무엇인지, 또 그들이 특정한 상황에서 어떻게 행동하는지, 어떻게 처신하는지를 표본과 예를 통해서 눈으로 직접 보아야 한다.

《사내다운 남자가 되는 법(Man Enough)》에서 프랭크 피트만(Frank Pittman)은 다음과 같이 언급했다.

"남성의 기질은 아버지로부터 아들에게 전수되는 것이다. 여성은 아무리 위대하고, 사랑이 넘친다 할지라도 이것을 가르칠 수 없다. 아버지가 없는 사람은 할아버지나, 삼촌, 새아버지를 통해서 남자로 키워져야 한다. 가정에 남자가 없으면 아주 어릴 적부터 멘토가 필요하다. 주변의 십대 청소년이나 영화에 나오는 깡패와 같은 남자들만 알고 있다면, 남자에 대한 왜곡되고 과장된 개념을 갖게 된다."

엄마의 역할과 마찬가지로 아버지로서 아이들을 키우는 일도 아주 복잡하고 힘드는 일이다. 우리가 살고 있는 세상의 기대치가 높아지고, 경제가 빠듯해지며, 경쟁이 치열해질수록 아버지의 역할도 점점 더 복잡해진다. 또한 그들이 자신의 아버지와 가졌던 부자관계도 이에 영향을 미치는데, 많은 경우 자랄 때 아버지가 집에 없거나 정서적으로 부재했기 때문에 더욱 그렇다.

게다가 아버지가 되는 것은 타고나는 것이 아니라 배워서 습득해야 하는 자질이다. 어린 시절에 아버지의 긍정적인 역할모델이 없으면 어떻게 성인이 되고, 아버지가 되며, 남편이 되는지, 심지어는 아내를 사랑하는 법조차 배울 수가 없다.

젊은 아버지로서 나에게 가장 힘들었던 일은 아버지가 되는 법, 남편이 되는 법, 심지어는 남자가 되는 법에 관한 정보를 어디에 가서 얻느냐는 것이었다. 마찬가지로 엄마가 되는 법도 타고나는 것이 아니라고 여러분은 말할지도 모른다. 그럴지도 모른다. 그렇지만 나의 경험에 의하면 여성들은 자

녀를 보살피고 양육하는데 남자보다 더 본능적으로 무장이
되어 있다고 본다.

나는 알코올 중독자의 가정에서 엄마와 새아버지 밑에서
자랐다. 아내는 태어나자마자 그녀의 아버지가 가족을 저버
렸고 열세 살 때까지 무심한 엄마 밑에서 자라났다. 그 결과
로 나와 아내 모두 긍정적인 자녀 양육의 모델을 보고 자라
지 못했다. 아내의 경우는 나보다도 더 상황이 나빴다. 그런
데도 우리 아이들이 막 태어났을 때, 아내는 나보다 훨씬 더
자연스럽게 아이들을 돌볼 줄 알았다.

1986년 우리 부부는 첫 아이가 태어나기를 고대하고 있
었다. 나와 아내는 결혼 후 5년 동안 아이를 갖지 않았다. 표
면적인 이유는 내 집을 마련하고서 아이를 낳자는 것이었다.
그러나 진짜 이유는, 내가 아직 아버지로서의 책임을 감당할
수 있을 만큼 성숙하지 않다는 사실을 마음속으로 알고 있기
때문이었다.

아내는 아들 프랭크를 출산 예정일이 2주나 지나서 분만
했는데 아기의 어깨가 너무 넓어서 산도에 걸리고 말았다.
의사는 아기의 머리를 손으로 붙들고 자신의 발에 힘을 주고
는 힘껏 잡아 당겼다. 프랭크는 마치 샴페인 코르크 마개처
럼 튕겨 나왔다. 아이의 찢는 듯한 울음소리를 들었을 때 나

는 너무나도 기뻤다.

그러나 퇴원해서 집으로 돌아오는 길에는 이런 생각이 머리를 스치고 지나갔다. '잠깐만, 나는 전혀 이런 일에 익숙하지가 않은데. 직업이나, 운동에는 잘 훈련이 되었지만……. 라마즈 수업을 다 듣기는 했어도 아무도 아버지가 되는 것에 대해서는 가르쳐주질 않았잖아?'

갑자기 파고드는 책임감의 무게 때문에 어깨가 짓눌렸다. 내가 그 창조의 과정에 함께 참여한 아무 방어 능력도 없는 순진한 어린 생명을 책임져야 한다는 사실이 뼈저리게 다가왔다. 그렇지만 무엇을 어떻게 해야 하는지 알 수가 없었다.

대부분의 남성들은 자녀 양육을 앞에 두고 이런 공포를 경험할 것이라고 생각한다. 어떤 사람들은 이러한 공포로부터 줄행랑을 치지만 어떤 사람들은 이 책임을 묵묵히 감당한다. 이런 공포로부터 도망을 치는 남자들의 대부분은 어린 시절 자신이 경험한 아버지의 모델로부터 그런 행동을 배우지 않았을까?

아들이 장래에 자신의 가정을 잘 꾸려나갈 수 있도록 준비시키는 것이 하나님께서 주신 부모의 사명이다. 이러한 목적을 가지고 자녀를 무장시켜야 한다. 어린 아이들은 다음 세대의 희망이고 내일의 아버지가 될 사람들이다. 그들은 자신이 누군지 또 무엇을 해야 하는지를 알아야만 한다. 주위에서 역할 모델을 직접 볼 기회가 있어야 한다.

스티브 파라(Steve Farrar), 《선도자(Point Man)》

남자 아이들에게는 역할모델이 필요하다. 가정에 아버지가 없거나, 아버지가 있더라도 집안일에 전혀 참여를 하지 않을 경우, 엄마는 아이에게 다른 역할모델을 찾아주어야 한다. 아들이 주변에서 실제로 보고 경험할 수 있는 역할모델을 찾아내야만 한다.

아버지가 가정에 없는 아이들은 그들의 삶에 긍정적인 영향을 끼칠 수 있는 남성의 존재가 필요하다. 싱글맘들이 처한 곤경은 자신의 아들과 딸에게 이런 역할을 기꺼이 해줄 수 있는 남성을 찾는 일이 쉽지 않다는 사실이다. 성숙한 남성의 리더십을 경험하지 못한 청년은 횡포한 성격을 지니기 쉽다. 아버지로부터 버림받은 딸들은 종종 잘못된 장소에서 아버지의 사랑과 관심을 찾으려고 애쓴다. 자동차의 뒷좌석 같은 곳에서 말이다.

나이가 든 남성은 젊은이 옆에서 함께 인생길을 걸어줄 책임이 있다. 자신의 경험을 통해서 배운 교훈을 전수해 주면서 말이다. 이와 마찬가지로 젊은이들은 마음을 열고 성숙한 남성의 충고를 성심껏 받아들여야 한다. 그러나 많은 경우 남자들은 자존심을 앞세워 이런 중요한 정보들을 서로 주고받기를 꺼린다.

가장 이상적인 것은 아들의 아버지가 그의 인생에 활발하게 참여하는 것이다. 그렇지 않은 경우에는 그 빈자리를 채워줄 긍정적인 역할모델이 될 남성을 찾아야 한다. 쉬운 일은 아니지만 노력하면 아들을 멘토링해 줄 남성을 찾을 수 있을 것이다. 보이스카우트의 대장이나, 어린이 야구나 축구팀의 코치, 학교의 남자 선생님들은 위대한 남성 역할모델이 되어서 멘토링을 해줄 수 있다.

그러나 이럴 때도 아들의 아버지가 그의 삶에 개입하지 않기 때문에 이들이 당신 자녀에게 미치는 영향이 얼마나 큰가를 이해시킬 필요가 있다. 할아버지, 삼촌, 이웃 아저씨, 아들의 친구의 아버지도 좋은 멘토가 될 수 있다. 역시 이때도 왜 당신이 그들로 하여금 당신 자녀의 인생에 개입해 주기를 원하는지를 분명히 설명하라. 이 책의 앞부분에서 다룬 것처럼 남자들은 때로 너무나 분명한 사실도 말해주지 않으면, 특히 그것이 관계에 관한 것일 때는 잘 이해하지 못한다.

이웃 남성에게 다음과 같이 부탁하라. "다음에 아들과 함께 야구 경기장에 갈 때는 우리 아이도 함께 데리고 가 주실 수 있겠어요?" 혹은 "다음에 잔디를 깎을 때는 제 아들이 함께 도와도 될까요?" 또 교회의 목사님에게 연락을 해보라. 교회에는 아버지 없는 아이들을 기꺼이 도와주려는 남성들이 많이 있을 것이다. 성경에서도 과부와 고아들을 도우라고 명령하고 있다. 기술적으로는 틀리지만 아버지가 없다는 점에서는 당신 아들도 사실상 고아나 마찬가지이다.

남자들이 먼저 당신에게 다가와서 당신 아들의 삶에 개입해도 좋겠는지를 물어보는 일은 아마 없을 것이다. 솔직히 누군가가 그렇게 말하면 나는 오히려 마음이 꺼림칙할 것이다. 요즘과 같은 시대에는 자기 자녀가 아닌 다른 아이와 함께 시간을 기꺼이 보내려고 하는 사람은 별로 없을 것이다. 그 사람의 동기가 순수한 것이든 아니든 상관없이 부적정한 관계로 일단 낙인이 찍히게 되면 사회 생활과 가정, 명예, 즉 그의 전 인생에 엄청난 손상을 입게 된다. 그러므로 아들에게 멘토를 이끌어주는데 당신이 촉매 역할을 하는 것이 무엇보다 중요하다.

이와 마찬가지로 당신은 아들을 안전하게 보호할 책임이 있다. 아들에게 멘토를 소개해 놓고서 그가 안전한지를 어떻게 확신하겠는가? 아마, 적어도 처음에는 양 가정이 함께 시간을 보내는 기회를 몇 번 갖는 것도 좋을 것이다. 또는 그의 아내와 함께 당신이 처한 상황을 의논하면 모든 사람이 당신의 필요에 대해 분명히 이해하게 될 것이다. 게다가 당신 아들과 비슷한 연령의 자녀를 가진 사람이면 더욱 좋다. 그러면 자연히 자녀들이 함께 그의 아버지와 시간을 보내게 된다.

남자들이 할 만한 활동들을 찾아보라. 내가 아는 어떤 싱글맘은 자신의 아들을 매주 우리 농구 시합에 데리고 온다. 우리는 그를 우리 팀의 비공식적인 마스코트로 받아들였다. 그는 시합 중에는 벤치에 앉아 있다가 연습 시간이면 공을 가지고 연습을 하기도 한다. 이런 식으로 여러 종류의 남자들에게 노출되며, 여러 가지 상황에서 그들이 반응하는 법을 지켜보게 된다. 또한 아주 긴박하고 경쟁적인 분위기 속에서 우리의 최고와 최악의 모습을 동시에 다 관찰하게 된다.

주변의 좋은 아이들을 아들의 친구로 삼게 하라. 부모로서 자신의 자녀가 건강하고 진취적인 친구관계를 가질 수 있도록 활발하게 지도해 주는 것은 매우 중요한 일이다. 이와 마찬가지로 당신의 가정과 동일한 비전과 가치관을 가진 가정의 친구를 갖는 것도 중요하다. 그러자면 친구의 부모를 만나서 그들이 어떤 사람인지 알 필요가 있다.

또한 아들을 가진 다른 엄마들을 찾아서 서로에게 힘이 되어줘라. 엄마의 역할은 무척 지치고 힘든 일이다. 게다가 싱글맘일 경우에는 더욱 그렇다. 엄마의 일은 아주 고된 일이라 격려가 필요하다. 가족과 또 좋은 친구들과 가까운 관계를 유지하라. 당신이 만약 혼자서 이 일을 다 감당하려고 한다면, 당신이 넘어질 때 누가 당신을 일으켜주겠는가? 우리 모두는 넘어질 때가 있다. 주기적으로 만나서 서로 격려하고 위로할 수 있는 엄마들의 모임을 찾아보라.


## 영웅


### 위대한 남성

사람을 위대하고 강하게 하는 것은
금이 아니라 오직 사람이라네.
진정한 남자는 자신의 명예를 걸고

꿋꿋하게 서서 고통을 견딘다네.
용감한 남자는 남들이 자는 동안 일하며
다른 사람이 즐기는 동안에도 쉬지 않는다네.
그들은 나라의 기둥을 견고히 세우며
이를 하늘 높이 들어 올린다네.

랠프 왈도 에머슨(Ralph Waldo Emerson)

자녀를 위해서 영웅을 찾아서 보여줘라. 영웅이 어떤 사람인지 자녀로 하여금 보게 할 필요가 있다. 그들은 반드시 유명 인사일 필요도 없고, 또 영화에 나오는 배우들처럼 강하고 덩치 큰 사람일 필요도 없다. 그냥 아침마다 일찍 일어나서 가족을 부양하기 위해 자신이 좋아하지 않는 직장에 꾸준히 나가는 이웃 사람일 수도 있다. 어떤 때는 신문이나 잡지에서 영웅적인 삶을 산 사람이나 영웅적인 행위를 한 사람을 소개하기도 한다. 책이나 영화도 영웅들의 모습을 제시하는데 보조로 쓰여질 수 있다.

그러나 안타깝게도 요즘 영화들은 긍정적인 남성의 역할모델을 제시하지 못하고 있는 실정이다. 위대한 도덕성을 지니고 가치 있는 일을 위해 용감하게 일어설 수 있는 남성이 등장하는 영화를 찾아보라. 나는 아직도 〈브레이브하트(Braveheart)〉에 나오는 윌리엄 월리스를 보면 소름이 돋는다. 지금도 그가 이렇게 외치는 것을 생각하면 가슴이 벅차 오른다.

"시간이 흐른 후 침대에 누워서 죽음을 기다릴 때가 되면, 아마 지금부터 그때까지의 모든 시간을 주고라도 다시 이 자리로 돌아와 대적들에게 이렇게 말할 것이다. 당신들은 우리의 생명을 빼앗아 갈 수 있을지 모르지만 우리의 자유는 결코 빼앗아 갈 수 없을 것이요!"

소년이 그의 인생에서 남자 어른을 필요로 하는 사실을 가장 잘 보여준 영화중의 하나는 〈고물 사자(Secondhand Lions)〉였다. 헤일리 요엘 오즈먼트(Haley Joel Osment)는 로버트 듀발(Robert Duvall)에게 부디 살아남아서 자신에게 "남자가 되기 위해서 모든 소년이 들어야 하는 이야기"를 해 달라고 간청하는 가슴 뭉클한 장면이 나온다.

남자들에게 감명을 줄만한 영화들을 아래에 적어 보았 다. 어쩌면 이중의 많은 영화가 당신에게는 재미 없을지도 모른다. 그러나 당신의 아들은 분명히 좋아할 것이다. 자녀 의 나이와 영화의 내용이 잘 맞는지를 확인하고 보여주도록 하라.

러셀 크로우(Russell Crowe) 주연의 〈재키 로빈슨 이야기 : 주인과 대장(The Jackie Robinson Story : Master and

Commander)〉, 톰 크루스(Tom Cruise) 주연의 〈최후의 사무라이(The Last Samurai)〉, 다니엘 데이 루이스(Daniel Day Lewis) 주연의 〈모히칸족의 최후(Last of the Mohicans)〉, 멜 깁슨(Mel Gibson) 주연의 〈애국자(The Patriot)〉, 덴절 워싱턴(Denzel Washington) 주연의 〈타이탄을 기억하며(Remember the Titans)〉, 진 해크먼(Gene Hackman) 주연의 〈시골뜨기(Hoosiers)〉, 션 오스틴(Sean Astin) 주연의 〈루디(Rudy)〉, 로버트 듀발(Robert Duvall) 주연의 〈외로운 비둘기(Lonesome Dove)〉, 매튜 브로더릭(Matthew Broderick) 주연의 〈영광(Glory)〉, 러셀 크로우 주연의 〈글래디에이터(Gladiator)〉, 멜 깁슨 주연의 〈사인(Signs)〉, 그리고 모든 남자들이 가장 좋아하는 영화 〈브레이브하트〉 등이다. 〈반지의 제왕(Lord of the Rigns)〉, 〈스타워즈(Star Wars)〉, 〈인디애나 존스(Indiana Jones)〉 시리즈도 남자 아이들이 좋아하는 영화들이다.

아들에게 책을 선물로 주어라. 한 번에 한 권이 아니라 적어도 다섯 권이나 여섯 권씩 주는 것이 좋다. 읽기에 너무 어렵지 않으면서도 흥미를 잃지 않을 정도로 도전이 되는 책을 고르도록 하라. 모험담과 칼싸움 그리고 적당한 액션이 들어가 있는 책을 골라야 한다.

다른 선물들과 연관된 책을 함께 넣어줘라. 농구공을 선물했다면 유명한 농구 선수에 관한 책을 한 권 같이 넣어줘라. 야구 글러브를 사주게 되면 성공한 야구 선수에 관한 책도 한 권 사주도록 하라. 공룡, 지질학, 곤충, 뱀, 로데오 경기, 기차, 자동차 경주, 음악, 미술…… 등 그가 관심이 있는 것이면 무엇이든지 그 분야의 존경할 만한 사람에 관한 책을 사주는 것이 좋다. '현장 체험' 책들은 거의 모든 분야에 관한 흥미로운 사진들과 기사들로 풍부한 정보를 제공한다.

데이비 크로켓(Davy Crockett), 다니엘 분(Daniel Boone), 짐 보위(Jim Bowie), 키트 카르슨(Kit Carson)과 같은 선구자, 개척자들에 관한 이야기나 와일드 빌 히코크(Wild Bill Hickock), 버팔로 빌(Buffalo Bill), 와이어트 어프(Wyatt Earp)와 같은 카우보이, 또는 고대부터 현대에 이르기까지 시대를 막론한 군인들과 운동선수에 관한 책들은 활동적인 남자 아이들에게 좋은 역할모델을 보여준다. 남자 아이들은 영웅을 갈망한다는 사실을 명심하라.

보통 남자 아이들은 독서를 그다지 즐겨하지 않는다. 그럼에도 우리 사회는 이들에게 책 읽을 것을 별로 권장하지 않는다. 당신의 아들에게 책을 읽도록 격려하라. 이는 그가 평생 동안 감사하게 될 놀라운 선물이 될 것이다.

아들에게 책을 읽도록 할 수 있는 방법 중 하나는 당신이 책을 읽는 모습을 그에게 보여주고 집안 여기저기에 책들을 늘어놓는 것이다. 남자 아이들은 때때로 책을 읽는다고 친구들에게 놀림을 당하기도 한다. 그런 경우에 아이들은 혼자서 조용히 책을 읽게 된다. 그가 읽고 있는 책에 대해서 이야기하고 싶어 하지 않거나 책을 읽는다는 사실조차 관심을 갖기 원치 않을 때에는 그의 생각을 존중해 주도록 하라. 친척들과 친구들에게 아들이 선물로 책을 받고 싶어 한다고, 특별히 남자 어른들에게서 받는 것을 좋아한다고 말해줘라. 도서관이나 서점에서 자녀로 직접 책을 고르게 하고 고른 책에 대해서 비평하는 말을 삼가하라.

시사정보에 관한 책도 문학작품을 읽는 것과 똑같은 비중을 두고 인정해줘라. 취미 생활을 위한 지침서를 읽을 때나 스포츠 기사를 읽을 때도 마찬가지이다. 실재 사건이나 잡다한 정보들을 수집하기 좋아하는 남자 아이들은 특히 《기네스북(Guinness Book of World Records)》이나 《세계연감(World Almanac)》, 혹은 스포츠 연감을 재미로 훑어보기를 즐긴다. 어릴 때부터 도서관 회원권을 만들어주고 사용하게 하라.

또한 테이프로 된 책도 남자 아이들에게는 효과가 있다.

지역 도서관에는 좋은 책들을 테이프에 담은 것들이 많이 있다. 아이가 책 읽는 것을 즐겨하지 않을 경우에는 부모가 직접 책을 읽어주는 것도 좋다. 아내와 나는 우리 아이들에게 늘 책을 읽어주었다.

그러나 아이들이 자라면서 부모가 읽어주는 책을 듣는데 관심이 점점 줄어들었다. 그래도 나는 아이들이 여전히 우리가 책을 읽어주는 시간을 즐긴다고 생각한다. 지금도 내가 책에서 좋아하는 구절을 발견하고 아내에게 큰 소리로 읽어주면, 아이들은 다른 볼일을 보는 척하고 나타나서는 내가 읽는 내용을 듣는다. 남자 아이들을 위한 수만 가지 양서 가운데 몇 권만 간추려 보자면,

스티븐 크레인(Stephen Crane)의 《용맹스러운 붉은 훈장(The Red Badge of Courage)》, 러드어드 키플링(Rudyard Kipling)의 《용감한 선장(Captains Courageous)》, 로버트 루이스 스티븐슨(Robert Lewis Stevenson)의 《보물섬(Treasure Island)》, 마크 트웨인(Mark Twain)의 《허클베리 핀(Huckleberry Finn)》, 잭 런던(Jack London)의 《야생의 음성(The Call of the Wild)》, 제이 알 알 톨킨(J. R. R. Tolkien)의 《호빗(The Hobbit)》, 알프레드 랜싱(Alfred Lansing)의 《끈기(Endurance)》 등이다. 또한 더블데이

(Doubleday) 출판사에서 발행한 운동선수들에 관한 책들도 아주 쉽고 감명 깊게 읽을 수 있는 책들이다. 여러 웹사이트나 도서관에서 남자 아이들이 읽을 만한 양서들의 목록을 쉽게 찾을 수 있다.

다음 주제로 넘어가기 전에 주의해야 할 사항을 하나 짚고 넘어가야겠다. 어려운 일인 줄 알지만 아이들 앞에서, 특히 당신이 싱글맘일 경우에는 아이 아버지를 비난하는 말을 하지 마라. 아이도 조금만 자라면 스스로 아버지의 결함을 찾아낼 수 있다. 그의 앞에서 일부러 아버지를 칭찬할 필요도 없지만 계속해서 깎아내리지는 말아야 한다.

나는 남성들에게 이렇게 말하곤 했다. "자녀들의 엄마에 대해 험담을 하는 것이 무슨 유익이 있습니까? 당신의 자녀들이 이 세상 누구보다 사랑하는 사람을 말입니다." 아버지에 관해서도 똑같은 이치라고 생각한다.

마치 동전의 양면처럼 뒤집어서 말하자면 남편이나 자녀의 아버지가 위대한 성품을 발휘할 때에는 칭찬을 아끼지 마라. 아들이 보는 앞에서 그를 칭찬하거나 나중에 아들에게 이야기해 주는 것은 긍정적인 성품을 확인하는 아주 중요한 방법이다. 남편과 아내가 한 팀이 되어서 아이들 앞에서 서로를 칭찬해 주고 세워주면 아주 커다란 효과가 있다. 그렇게 함으로써 아이들에게 부모에 대한 존경심을 키워주고 다른 사람을 대하는 방법을 가르쳐줄 뿐 아니라, 훗날 이성교제를 할 때도 무엇이 최상의 방법인지를 가르쳐주게 된다.

아내는 지혜롭게도 우리 아이들이 아주 어릴 적부터 아이들 앞에서 나를 칭찬하고, 또 아이들이 내게 직접 혹은 간접으로 불손하게 말할 때마다 심각하게 야단을 쳤다. 나는 그것이 우리 아이들이 나에 대해 남자로서, 아버지로서, 또 남편으로서 가지는 생각에 큰 차이를 가져왔다고 생각한다.

반대로 당신의 전 남편이 아이와 만나는 시간을 계속 어기거나 지키지 않아서 아이가 실망했을 때라도 그를 대신해서 변명해 주지 마라. 케빈 르만 박사는 그의 《당신의 인생에 등장한 남자들을 이해하기(Making Sense of the Men in Your Life)》에서 다음과 같이 말했다.

"대부분의 이혼한 엄마들은 이미 자식들이 겪고 있는 일에 대해서 죄책감을 느끼고 있다. 그래서 전남편의 무심한 점이나 심지어는 가혹한 면을 덮어주면서 충격을 완화해 보려고 한다. 당신이 빈약한 설명으로 전 남편을 변호할 때도 아이들은 모든 사실을 꿰뚫어 본다. 그들은 아버지의 신실하지 못한 면을 경험함으로써 마음에 고통을 받을 것이며, 또한 엄마의 왜곡된 공의와 부딪혀서 실망할 것이다.

아버지와 엄마, 그 누구도 신뢰할 수 없다는 것을 발견했을 때 얼마나 끔찍한 생각이 들지 한 번 상상 해보라!"

왜 아버지가 나타나지 않는 거냐고 아들이 물으면 화를 억제하고 부드럽게 아이에게 말하라. "나는 잘 모르겠는데. 한 번 전화를 해보지 그래?" 그럼으로써 책임을 당사자인 전 남편이 지도록 넘겨라.

아이의 아버지가 알코올 중독이나 약물 중독, 문란한 여자 관계, 무책임, 혹은 그 밖에 셀 수도 없는 많은 이유들로 아들에게 좋은 본보기가 되지 못할 경우도 있다. 이때는 아이에게 나중에 자라서 아버지 같은 사람이 되지 않아도 된다는 사실을 분명히 알려줘라.

영화 〈강자(The Mighty)〉에서 한 소년이 갖고 있는 가장 커다란 두려움은 자신이 자라서 아버지와 같은 가학적인 범죄자가 될지도 모른다는 생각이었다. 그는 아버지가 그런 사람이기 때문에 본인의 의지와는 상관없이 자신도 그런 인생을 살 수 밖에 없다고 생각했다.

어떻게 느끼든지 간에 세상에는 위대한 남성들이 많이 있다. 그들은 범죄자나 그 밖의 나쁜 사람들처럼 방송이나 신문에 잘 등장하지 않을 뿐이다. 그런 위대한 남성들을 잘 찾아내서 아들과 만나게 하라. 또한 위대한 남성의 본을 보이는 행동을 찾아서 지적해 줄 수 있도록 항상 눈을 뜨고 있어라. 남자다운 것이 어떤 것인지를 직접 보게 하고, 또 당신이 어떤 성품을 높이 사는지를 알게 하라.

# 이제부터 무엇을 해야 하나?

　아마 지금쯤 당신은 이렇게 생각할 것이다. '그렇다면 난 이제부터 무엇을 해야 하지?' 어떻게 하면 지금까지 이 책에서 배운 내용들을 바탕으로 내 아들을 위대하게 키울 수 있을까? 어떤 계획을 세워야 할까?

　이런 옛말이 있다. "어떻게 하면 코끼리를 먹어치울 수 있을까?" 대답은 간단하다. "한 번에 한 입씩 먹는 것이다." 다른 말로 하자면, 굉장히 힘겨워 보이는 과제를 수행해야 할 때 가장 좋은 방법은 한 번에 조금씩 시작하는 것이다. 결국에 가서는 한 입씩 먹던 것이 더해져서 코끼리 한 마리를 다 먹어 치우게 된다. 일단 시작하는 것이 무엇보다 중요하다.

다음은 이 책에 나온 내용들을 적용해 볼 수 있는 작은 행동 지침들이다. 이 제안들을 수정하거나 자신의 생각과 결합시켜서 당신 자신과 가족에게 맞는 계획표를 짜 보기 바란다.


## 당신의 역할을 자각하라


반가운 소식은, 당신이 이 책을 읽고 있다는 사실만 가지고도 이미 게임에서 한 발 앞서 나가고 있다는 사실이다. 이것은 당신이 이미 남자와 여자의 차이점을 인식하고 있다는 것을 의미한다. 또한 당신은 아들과의 대화를 원하며, 아들을 올바르게 양육하여 위대한 남성으로 키우기를 간절히 원하고 있다는 것이다. 무엇보다도 당신이 이 일에 관심이 있다는 사실은 싸움에서 먼저 고지를 점령하도록 해준다는 것이다.

많은 사람들은 일상 생활에서 부딪히는 과다한 업무와 스트레스 때문에 자기 자신의 필요를 채울 시간조차도 내지 못하고 있다. 더구나 다른 사람을 위해서는 더더욱 시간을 낼 수가 없다. 그러나 당신은 자신의 제한된 시간과 자원을 가치 있는 일에 쓰기로 이미 선택한 것이다. 바로 아들을 위대하게 키우는 일이다!

이는 당신 자신을 위해서도 얼마나 소중한 일인가! 당신은 자신의 아들이 그냥 나이만 먹으면서 시간이 흐르기를 원치 않는 것이다. 당신은 그가 위대한 직업의식과 사랑, 그리고 이에 따르는 책임에 대한 건강한 인식을 가진 용기와 인격의 소유자가 되기를 원한다. 세상은 바로 이런 남성을 절실히 필요로 한다.

하나님께서는 엄마가 자신의 아들을 올바로 가르치도록 계획하셨다. 그러므로 아들을 남성으로 성숙하게 하는 데 엄마의 역할은 너무나 중요하다. 잠언 1장 8절에서는 다음과 같이 권면한다. "내 아들아 네 아비의 훈계를 들으며 네 어미의 법을 떠나지 말라" 엄마의 가르침은 항상 아들의 마음과 목에 걸려 있어서 그를 가까이서 이끌어주는 지침이 되어야 한다.


## 기도하라


당신이 아들을 위해서 할 수 있는 가장 중요한 일은 매일같이 그를 위해 기도하는 것이다. 기도는 온 우주에서 가장 강력한 축복의 도구이다. 아들의 육체적, 영적, 그리고 정서적 건강을 위해 기도하라. 하나님의 축복이 그에게 풍성하게 부어지도록 기도하라. 그의 마음이 전심으로 하나님을 향하도록 기도하라. 하나님께서 그에게 지혜와 분별력을 주시며, 그를 세워주고 격려해 주며 신뢰해 주는 좋은 친구를 인도해 주시도록 기도하라. 그의 성적 순결을 위해 기도하라. 아들의 장래 배우자의 성적 순결과 그녀의 부모님들이 하나님이 주신 지혜로 그녀를 양육하도록 기도하라. 당신이 하나님께서 주시는 지혜를 공급받아 그분이 원하시는 부모가 되고, 주님이 맡기신 자녀를 양육할 수 있는 자격을 갖추도록 기도하라.

아들을 위해 기도한 모든 내용을 기도 노트에 적어서 보관하라. 시간이 흐른 후에 하나님께서 얼마나 많은 기도에 응답해 주셨는지 알게 되면 놀라움을 금치 못할 것이다.


## 계획을 세워라

계획을 세우는 일에 실패하는 것은 실패하려고 계획하는 것이나 마찬가지다.

작자 미상

오랜 시간에 걸쳐 관찰한 결과, 사람들은 목표와 성취는 그저 우연히 일어나는 일이 아니라 계획할 때 일어난다는 사실을 발견했다. 당신 아들에게 있었으면 하는 가치 기준과 성품들을 생각해 보라. 그리고 그런 것들을 가르치는데 도움이 될만한 방안을 고안하라.

이는 마치 추수감사절 만찬이 세밀한 계획과 준비 없이 저절로 차려지지 않는 것과 같다. 마찬가지로 성품을 개발해 나가는 과정에서 신중하게 고려해야 할 점들이 있다. 아들과 대화할 때 가장 효과적이 방법이 무엇이었는지 생각해 보라. 또한 어떤 훈계 방식이 제일 잘 먹혀들었는지도 되짚어 보라. 아들의 갖가지 반응들과 당신이 시도한 여러 가지 방식들이 얼마나 효과적이었는지를 살피고 이후에 참고로 할 수 있도록 기억해 둬라.

다음으로는, 계획표를 종이에 적어 보라. 목표를 정하고 적어놓지 않으면 결코 이루어지지 않을 가능성이 높다. 당신이 세운 전략을 여러 가지 범주로 분류해 보라. 예를 들어서 아들에게 특정한 성품을 길러주는 것이 한 가지 범주가 될 수 있다. 다른 범주는 긍정적인 남성의 역할모델을 찾아 주는 것이 될 수 있다. 또 다른 범주는 일하는 습관을 길러주는 것이다. 그런 식으로 계속 여러 가지 범주로 세분할 수 있다.

그런 후에 그 계획들을 1년에 한 번 정도 정기적으로 다시 돌아보고 재조정할 필요가 있다. 아들이 자라남에 따라 그를 대하는 당신의 방법이나 말투에도 변화가 필요하다. 일곱 살 때는 잘 먹히던 방법이 열일곱 살이 된 지금까지 잘 들을 리가 없지 않은가.

최근에 나는 내가 존경하는 십여 명의 남성들에게 '자신의 인생에서 가장 필요한 것이 무엇이라고 생각하는가?' 에 대한 비공식적인 설문조사를 해보았다. 그중에 가장 대표적인 답변들을 아래에 모아보았다. 당신이 계획표를 짤 때 이 점을 염두에 두면 좋을 것이다. 아들이 행복하고 건강한 남성이 되기를 바란다면 그의 인생에서 아래의 필요들을 충족시킬 방법들을 찾아보아야 한다.

1. 인생의 목적과 의미 — 인생이 살만한 가치가 있다는 확신. 지금 우리가 하는 일이 현재와 미래에 가치가 있는 일임을 알 필요가 있다.

2. 우리 인생에서 만나는 사람들 — 멘토, 친구 그 밖의 다른 사람들. 내가 만난 대부분의 남성들은 자신이 겪고 있는 것과 똑같이 힘든 문제들로 고민하고 있다. 나는 그런 사실을 발견하고는 놀라움을 금치 못

했다.

3. **투쟁해야 할 이유** — 남자들은 위대한 이야기를 들으면 감동을 받지만(영화나 책에서), 반복되는 지루한 일상 생활을 거치면서는 낙심하기 쉽다. 그렇기 때문에 포르노나 스포츠, 그리고 성과 같은 환상에 빠지기가 쉽다.

4. **인정** — 가족과 다른 이들에게 존경과 칭찬을 받아야 한다.

모든 남자들은 자아를 실현하기 위해서 충족되고 개발되어야 할 네 가지 영역이 있다. 바로 신앙, 교육, 직업, 인간관계의 영역이다. 남성 정신 구조의 이러한 영역들은 많은 사람들에 의해 여러 가지의 다른 이름으로 불리어졌다. 예를 들면, 스튜 웨버(Stu Weber)는 이를 조금 변형해서 왕, 멘토, 군인, 친구라는 요소로 나누었다. 이 네 가지 기둥이 남자의 마음을 지탱하고 있다는 것이다. 아들의 인생에서 자신의 역할을 완수하기 위해서는 이 네 가지 요소가 균형이 잡혀야 한다.

신앙적인 면은 하나님과의 교제를 통해서 개발되어야 한다. 아무리 많은 것을 성취하고 이룩했다고 하더라도 하나님과 관계를 맺지 못했다면 결코 행복해질 수 없다. 또한 지속적인 배움을 통해서 자기의 정신을 개발해야 할 필요가 있다. 그럼으로써 자신의 인생과 다른 사람들에 대해서 깊이 이해하게 된다. 끊임없이 무언가를 배우는 사람은 지속적으로 성장한다.

그는 또한 가족의 필요를 공급하고 가정을 보호하는 책임을 다하기 위해서 일을 해야 한다. 마지막으로 남자에게 필요한 것은 가족들과 맺는 사랑의 관계이다. 아내와의 견고한 연합과 그를 격려하고 지탱해줄 좋은 친구가 필요하다.

아들을 위해서 계획표를 짤 때, 그가 희망하는 만족스러운 삶을 살기 위해서 개발해야 할 성품들이 무엇인지 스스로 이해할 수 있도록 도와주어라. 아들의 의견과 다짐을 받아서 계획에 포함시키는 것도 좋은 방법이다.


## 지속적으로 배워라


금에는 값이 있지만, 배움에는 값을 매길 수가 없다.

중국 속담

지금까지 이 책을 읽은 사람이라면 이제 남자 아이들을 움직이는 것이 무엇인지 조금은 알게 되었을 것이다. 그렇다고 여기서 그치지 마라. 계속해서 좋은 책들을 읽고 아들에게 긍정적인 영향을 줄 수 있는 역할모델을 찾아보라.

이제 당신이 이 주제에 보다 민감해져 있기 때문에, 이제까지는 그냥 대수롭지 않게 넘겨왔던 긍정적, 혹은 부정적인 남성의 행동들이 눈에 들어오기 시작할 것이다. 그런 일을 볼 때마다 아들에게 이를 지적해줘라. 그 일은 아주 흥미 있는 일이 될 것이다.

아들에게 책이나 영화를 보면서 바람직하지 않은 성품의 예들을 찾아내게 해보라. 남자들의 긍정적인 성품과 부정적인 성품들을 적어서 리스트를 만들게 하라. 그리고 모든 부정적인 성품들을 조합한 남성과 모든 긍정적인 성품들은 조합한 남성을 각각 만들면 어떤 모습일까 함께 상상해 보라. 아들이 이러한 자질들을 인식하게 함으로써 그것들의 중요성을 강조하게 된다.

그리고 모든 사람들은 위대한 면과 그렇지 못한 두 가지 면의 성품들을 다 가지고 있다는 것을 아들에게 이해시켜라. 모든 인간은 때때로 실패하기도 하지만, 하나님의 은혜로 용서를 받으면 다시 새로워질 수 있다는 것을 강조하라.

## 건강한 역할모델을 찾아주어라

건강한 남성의 모델을 보지 못하고 자란 남자 아이는 위대한 남성으로 성장하는 것이 극히 어렵다. 물론 아주 불가능한 것은 아니다. 애석하게도 오늘날의 영화나, 텔레비전 그리고 다른 분야의 인기인들 가운데는 건강한 남성의 모델을 찾아보기 힘들다. 진정한 남성을 관찰하기 전에는 남자들이 어떻게 생각하고 행동하는지를 결코 이해할 수 없을 것이다.

하나님께서는 적극적으로 그의 인생에 직접 개입하실 것이다. 그렇더라도 남자로서 자신의 운명을 이해하고 성취하는 것을 도와줄 긍정적인 역할모델이 반드시 필요하다. 그런 역할모델들을 일찍 만날수록 그의 인생길이 평탄해진다. 그의 아버지가 건강한 남성의 역할모델을 제공하지 못할 형편이라면 당신이 그런 사람들을 아들에게 찾아주어야만 한다. 기도를 제외하고는 이 일이 당신이 계획 중의 가장 우선순위가 되어야 한다.

독생자 아들 예수님을 이 땅에 인간으로 보내신 하나님은 그 자신이 가장 궁극적인 남성의 역할모델이 되신다. 아들에게 예수 그리스도와 성경의 교훈을 가르치는 것도 당신의 계획의 일부가 되어야 한다. 그리하면 그의 신앙이 성숙함에 따라 점점 지혜로운 사람이 될 것이다.


## 아들에게 비전을 키워줘라


아들에게 비전을 키워줘라. 그에게 항상 높은 기준을 세워줘라. 물론 좁은 길은 걸어가기가 어렵다. 그리고 대부분의 사람들은 인생에서 쉬운 길을 택한다. 그러나 쉬운 길이 항상 최선은 아니다. 당신의 아들에겐 남자란 어떻게 살아야 하는지에 대한 비전이 있어야 한다. 그의 아버지가 이를 직접 보여줄 수 있으면 가장 바람직하다. 그가 추구할 만한 높은 기준과 목표 그리고 동기를 부여해 줄 수 있는 꿈이 있어야 한다. 아들과 반드시 그러한 비전을 나누도록 하라.

그리고 살다 보면 어느 곳에서나 비난을 받을 수 있다는 가능성을 이해시켜라. 그러나 이러한 비난 때문에 그가 원하는 일을 중단하면 안 된다는 사실 또한 이해시켜야 한다. 비관론자들로 인해 낙담하지 않는 법을 가르쳐라. 그의 꿈과 목표를 이루는데 어느 누구도 방해하지 못하게 하라. 어떤 장애물이 닥쳐도 그의 꿈을 포기하지 않도록 가르쳐라.

## 기존의 프로그램들을 아들에게 맞게 변형시켜라

십중팔구 당신은 이미 아들을 위대하게 키우기 위한 위대한 일들을 실천하고 있을 것이다. 그러한 일들 중에 효과가 있는 것들을 계속 유지하면서 이 책에서 새롭게 발견한 지식들을 활용하라. 효과적으로 보이기는 하지만 순탄하게 이루어지지 않는 프로그램들은 필요에 따라 변형할 수 있다. 다른 부모들이 성공적으로 하고 있는 것들을 잘 찾아서 적절한 상황에 그러한 전략들을 사용하라.

이 책에서 당신이 빠뜨렸거나 처음 읽었을 때 잘 적용하지 못한 부분들은 가끔씩 다시 찾아서 읽어보라. 이 책의 내용을 완전히 자신의 것으로 만들어라. 여백에다 노트를 하고 다음에 다시 찾아 볼 수 있도록 색을 칠하고, 당신이 특별히 좋아하는 페이지는 접어놓으라. 아들이 성인으로 자랄 때까지 이 책을 좋은 도구로 사용하라.

## 즐겨라

마지막으로 강조하고 싶은 것, 아들을 키우기란 정말 신나는 일이다! 남자와 여자의 차이점을 잘 이해하고 나면 아들 키우는 일을 한껏 즐기게 될 것이다. 한 가지 꼭 기억해야 할 점은 남자 아이들은 여자 아이들보다 시끄럽고 신체적으로도 훨씬 활동적이라는 사실이다. 아들을 절대 과잉보호하지 말며 항상 유머감각을 잃지 말도록 하라. 장담하건대, 아무 힘도 없는 어린 아기가 당신이 기대하는 이상의 강인한 성품을 지닌 남성으로 자라는 과정을 바라보는 일은 그 무엇과도 바꿀 수 없는 커다란 만족을 줄 것이다.

이 책을 마치면서 당신에게 몇 가지 격려하고 싶은 말이 있다. 하나님은 당신을 사랑하시며, 당신의 아들을 사랑하신다. 그분은 당신 아들을 위한 놀라운 일들을 예비해 놓으셨다. 또한 세상의 모든 여성들 중에 당신을 선택하신 데는 특별한 목적이 있다. 주님은 당신이 부딪히게 될 모든 고통과 도전을 이미 다 알고 계신다. 그분은 당신의 결함과 실패한 일들을 다 알고 계시지만, 그럼에도 당신이 가장 적합한 사람이라고 생각하셨다. 왜냐하면 그분은 동시에 당신의 강점과 재능들도 다 아시기 때문이다. 진심으로 말하건대, 당신은 아들의 엄마가 될 자격이 충분히 있는 놀라운 여성이다.

아들과 함께 많은 시간을 보내라. 당신이 자녀를 너무나 사랑하기 때문에 그를 위해서라면 목숨이라도 바칠 수 있음을 알려주어라. 또한 예수님께서 우리에게 똑같은 일을 하셨다는 진리를 알게 하라. 사랑은 모든 허다한 허물을 덮는다.

마지막으로, 당신의 아들을 향한 하나님의 뜻을 열심히 구하라. 창세전부터 하나님이 계획하신 사명의 남성이 되도록 도와주어라. 훌륭한 부모가 되는 당신의 여정에 하나님의 축복이 함께 하시기를…….